浙江潮第六期目錄

癸卯六月二十日

◎圖畫
●浙江全省十一府新地圖（其五）紹興
●浙江沿海港灣圖（其三）甯波灣（補）
●會稽大禹之廟●禹陵●禹陵窆石亭
◎社說
●自治篇……重　堪
◎論說
●中國開放論……喋血生
第一章中國開放門戶之原因▲第二章中國特
贈于異種之權利
◎學術
◎經濟
●經濟問題◉財政問題……經濟研究生
◉教育
●教育學……不憖子
▲第三章教育之界限（續）
◎軍事
●兵事思想改革說……尙變子
▲第一節兵事思想概論▲第二節論中國兵事
思想
◉歷史
●最近三世紀大勢變遷史……大陸之民
◉傳記
●中國愛國者鄭成功傳……匪　石
▲第五節恩明州之經畫▲第六節漳州海澄之
二大戰

浙江潮第六期

◉文學
●中國音樂改良說……匪石
◎大勢
◉各國內情
●海上之美國……弢生
◉國際政局
●英法之親交……蘆中人
◎談叢
●廻瀾叢話……公猛
▲拿破侖之愛國▲法將之厲辭▲敢死士▲亞驪斯之毅烈▲藉那及哈培廬之沈着▲臺密士羅孔之弘懷▲法彪之信義▲安拔那達之忠藎
◎時評
●本省之部
▲劉鐵雲欲賣浙江全省路礦乎▲嘉興演說會解散事
●內國之部
▲端方與梁鼎芬▲上海教育會與愛國學社之衝突▲大俄馬隊▲北京病院▲日幣之侵入▲哀河南▲記震旦學院
●外國之部
▲日俄協商▲朝鮮李容翊之被刺▲塞維亞之革命
◎專件
●紹興教育會章程
◎雜錄
●東報時論
●滿洲問題
◉來稿
●紀仇滿生

目錄

◉留學界記事
●記特派員之還東
●記吾浙夏季同鄉大會
◎小說
●愛之花……儂更有情
第一回 非筆非舌述鏡花緣 是虎是狐衍勢利界
●自由魂……匏壓
◎調查會稿
●處州青田縣調查稿
▲官場之種種活劇▲青田學堂書院義塾之大概▲青田之煙館▲青田之妓寮▲青田之游學人數▲青田之風俗▲青田之田產交易法▲青田之土產▲青田歷史上之人物
◎附錄
●新名詞釋義……酙癸

購閱畧則

一 定閱本誌在東京者可函向本發行所掛號每期當按址寄送在內地者可就近向上列各代派所購取或逕寄函本社亦可但必須將報費郵資先行付下自然按寄無誤

一 向本社定購者由本社發給收條向代派所定購者由代派所發給收條遇有已付報資而報未能按期送到者可憑收條向原定處函索

售報價目表

全年十二冊	半年六冊	每冊
三元二角	一元七角	三角

本誌原有旁註頗不明晰自本期起删訂如左(一)用日幣者照表八折(二)向申杭總發行所批售逾十分者照表八折(一)每冊加郵費一分全年二角

廣告價目表

洋裝一頁	洋裝半頁	一行 四號十七字 五號二十二字起碼
五元	三元	二角

惠登告白者須於本編定期發刊之前交到價須先付登長年半年者當格外從廉

本誌簡要告白

啓者同人從校課百忙中組織本誌每期出版後除留置若干冊分送在東同學並歐美及南洋各埠外統寄交申杭兩總發行所由該處分配各代派所以歸劃一近內地各處多有來函囑逕寄者同人原可照辦惟郵費過重日郵未通之地每册有增至八分者此後各代派所不如就近向總發行所定購爲便至各代派所向東京定購過百份以上者七折(以日銀計算)向申杭總發行定購過十份以上者八折(以墨銀計算)郵費每冊外加二分因內地函詢代派售例者甚夥合併聲明

會稽大禹之廟

東京並木活版所製版

禹陵

禹陵窆石亭

自治篇

重堪

緒言

嗚呼我中國今日人類之墮落道德之衰頽其根本果何在耶曰對於社會不知我身之關係知我身之幸福不知社會全體之幸福於是乃放棄責任廢失權利其禍至於不可收拾慘哉西人之誹我曰世界人類由下等動物而進化中國人不十年必盡退化爲禽獸惡是何言哉是指人格之日退落下乘言也我黃帝子孫文明後裔在昔非第一等人格富有道德性之國民耶是種種惡感情波動於社會而無完全教育以濟助之由風俗以成習慣由習慣動于感情由感情鑄爲遺傳于是竟作二十世紀世界引爲譏談之柄唾罵之典噫我國民其猶是夢夢也

社說

據予箇人判斷力而言今日中國社會是道德過渡時代之社會舊道德將滅絕新道德未發生青黃不接無知識者困于慾情有知識者囿于亂暴無知識者僅知保守不知保守中之改革有知識者僅知破壞不知破壞中之建設夫然而道德亡而自治精神失而奴種亡國皆分內事

是歐美大風潮既驚醒我亞洲大陸國民之長夢睡眼初睜觀茲好太陽已大半西落急欲挽留者莫不曰自治自治噫自治精神果我國民所樂聞者歟欲圖自治是講求道德始矧人類者非孤立的動物社會的動物也離社會即無人事然而箇人之道德即建築社會之基礎也麥柯氏曰社會之進化視道德之盛衰以爲差今日中國之社會不少有知識的人而少有道德的人故平日文明字樣連篇累牘凡遇有公共事業則鼠竄蝟縮無有過問者雖然道德的缺乏其靈光實爲利己的毒燄所蔽耳咄辱諸胯下傾諸泥塗起即拾金而遁非西人罵我國民之語乎或不至此其傾注于利己的一部分而損全體之利益是眞不可庇護之罪惡也

然則養成自治精神果以道德心爲主矣惟道德的標準厥有兩途一曰主觀的一

曰客觀的主觀的方面爲天職其基礎由于內心其機能即隨感情而發客觀的方面爲義務其發揮根于社交其習慣即因勉强而成由二者之標準遂鑄成人人當出入之範圍而欲引人入勝就此範圍則心理學倫理學與社會學是其蹇修也吁舞幕初展來日方長太平洋方面既不容予安坐我四萬萬孤苦無依之同胞苟欲生存競爭于世界是圖自治始也能自治乃能自立而乃眞能自主眞有自由英人俚言曰教育子女當使之如貓顚倒擲之仆而即起我國民一省此言也雖奴種亡國之慘辱洗之亦甚易易耳愛自治之國民其一聽予言

第一章　英德國民之自治精神

借羅盤針以定方向乃能航海借鏡以觀面目乃能整容徒曰自治自治而無所標準是眞臨淵羨魚而已矣我國民於自治制度則秩序的精神的兩當改革者也惟秩序的自治風莫盛于德精神的自治風莫富于英畧述見聞以供享我同胞爲之羅盤針爲之鏡焉在我同胞所自師者耳

德意志自學風大行百般事業優于列國秩序之美已達極點始則鼓動于教育界

社說

漸次影響于國躰其性質遂爲之移盖德意志帝國頗具單純統一之氣象而實則最複雜之一聯邦也故一一全恃規律以貫串之遂養成秩序的自治風其原因由于德意志聯邦乃二十六集合躰以結成其中既有大公國小公國自由市王國諸差別欲保全權利不得不借規律以自衞一步一趨異常嚴密故其養成國民性質在初級教育而自治之能力即隨此方針而進然其結果不免陷于形式的若精神上肉躰上之自由活潑均已束縛不能達眞美偉大之境欲救其弊自濟以精神的自治始

英吉利于社會制度其形式果不若德意志然其獨立自尊之風則全注于實際上英吉利國民率眞的國民也吾將其所守自然法律畧舉如左(一)能守秩序命令(二)沈着純靜履險如夷(三)無繁文縟禮之弊行事單簡(四)厚于信用乃證實例以質我同胞果能無愧歟否

格蘭斯敦既歿將出殯執紼者數萬人觀者十倍設是舉行于中國則一場喧閙必不可言狀矣不料自達于墓所沿途寂寂無聲僅有二憲兵一警察隨行

英國其海軍艦演習。機輪忽壞。勢甚危。進退維谷。是最雜沓之時乎。而船中職員。毫無倉皇之態。惟盡力修整而己

杜蘭斯哇之役。英吉利屢戰屢北。以伐小國喪大兵而民間頗無驚駭是晏祈施密施之圍既解。杜蘭斯哇被領于英在臆料中則此戰勝紀念會必有一番絕大祝賀何如開會之日僅于各市貼紙一枚大書今日英吉利占領杜蘭斯哇

某客修一金表于市。既訂約客坐而不去。店主問曰貴客何俟。客曰待憑單。主人訝甚。曰我英國交易。素不用此說是則是耳復有巨商儲銀一億萬于英蘭銀行待憑單而不發客詢之。答如故。視客頗有難色詢曰客疑我。不信乎英吉利即此銀行之憑單也

視上諸例可見英吉利社會之美風而國民皆自守無形法律者也然盎格魯索遜人種實憑此自治力而能于日所出入處皆有國旂飄拂焉夫自治之基礎實因于道德而建築基礎之力有受動與能動之別受動的原于外界擊刺其成也不隨于感觸即隨于强迫能動的則原于自覺爲社會之一員能享第一等社會國家權利然我中國竟無有能勝任者且自治團躰尤重服從法律我中國素稱善服從之國民其實則誤會非服從也奴性耳眞能服從者服從于建設的誤于服從者服從于

保守的不服從于建設而服從于保守自治心遂不振而社會之程度遂墮落乃勘出自治心缺乏之究竟述于下章爲我同胞告焉

第二章　自治精神缺乏之原因

我祖國民自治精神缺乏之原因于歷史上社會上觀察之實階級制度所影響者也凡我同胞皆困于黑暗地獄永遠沉淪萬刼不復然則其困于階級共分三等一曰政府二曰社會三曰家庭一國民之所以要政府社會家庭惟能保全我生命名譽財產者也今日我國民之有政府社會家庭直將逼我不許盡爲人之義務矣噫政府者以法律衛我者也社會者以感情動我者也家庭者以教育基礎我者也今日之政府則已絕我希望若社會則以勢利待我若家庭不以溺愛絕我生機則以冷酷絕我生機四萬萬人盡處于痲木不仁之境見此光明太陽如視死灰其原因遂造出劣等人種由是而獨立自尊之精神失由是而實業不振物質退化日盛一日噫是豈時代趨向使然耶

讀古今東西教育史實與我國民有同病相憐者不見夫歐洲中世之教育史乎當

時宗教之權勢甚强人民思想習慣盡爲宗教上之諸種習慣及各信仰條約所縛束鴻溝一劃凡精神上物質上之發達進步均已斷絶迨中世與近世之交宗教界革命軍起脫壓制之羈絆以喚起自由精神斯時適發明印刷術火藥航海術科學界大進步實業漸乃膨脹于是歐洲國民遂蘇于千年塚中而自治之根據乃定矣『天下無難事只要有心人』我中國民竟無振刷精神重張旂幟之一日耶雖然今日不少青年志士負先覺之任爲國前驅然不失于亂暴即失于浮誇揠苗助長未嘗有實際爲同胞福何哉是心理與倫理之欠缺耳夫心理與倫理實爲造成完全性質之要素我國民勿以予言爲拘泥也其洗耳聽哉

第三章　改造性質論

惠靈吞曰習慣者第二天性十倍于天性之天性也夫然則人之性質未有不可以改造者矣今日中國民性質之最缺點法律性質也國之法律曰憲法人之法律曰道德無道德之人必無願力無道德之人必不沈着無道德之人思想必不一致處事必不忍耐無道德之人必無眞希望眞愛國心噫今日仁人志士誰眞能以剖

社說

心見我乎大言炎炎在斗室中唯我獨尊小經風潮無不禽獸逃匿是直無道德心故

凡文明國之人民無不生息于法律之下所謂政府者法律之政府社會者法律之社會家庭者法律之家庭而非可視爲我有者也然則法律服從與奴隸服從異法律服從如得羅盤針奴隸服從如處黴菌場故法律服從日進步奴隸服從日腐敗所謂法律服從者非有形之法律自然之法律也人類隨時而進步自然法律即隨之而進步甚矣我中國民未嘗不守自然法律每誤稱其名詞于是有果報有氣數之謬說例如傷蛇打犬不過犯虐待動物之法律拋污瀝穢不過犯敗壞公德之法律而乃託諸干怒神祈驚動上帝噫是亦無知識使然耳二十四時間而有潮汐雷動風作而成四時皆有一定之規則引力熱力電氣光等不過從生理物理化學的自然法律而已中國無科學的經驗遂不識自然法律要之舉一尋常淺近之例以質我國民則人人當鬪而自訝者也今且熱一爐執孩提之手而炙之必疾呼臨深淵引盲瞽而溺之必疾呼是水火皆含有不可犯之無形法律也罣一漏萬不勝枚

舉一言以蔽之曰微塵起于地復歸着于地夫我同胞既缺乏法律性質而欲鑄成此性質則鼓吹感情是其進航路也社會學家言曰人者富有愛他心之動物凡盜者盜心未發路有遺屍彼必見而憐之對殺人之囚徒而殺其父母使之觀彼必寸腸如裂是故大敎育家之善改人性質也佛曰于十方世界克復邪惡惟有善智聖曰君子有諸己而后求諸人無諸己而后非諸人基督敎曰汝之愛他人如愛汝自身哲學始祖蘇格刺底留爾施等曰汝自身所嫌勿贈于他人盧梭敎育論曰敎育兒童不必使其能服從義務使其勿以己之所不欲施之于他人噫能知此也而后能犧牲我肉躰以[illegible]殘忍酷薄權勢智力戰爲我同胞謀最大多數之最大幸福然則此感情之廣義的也吾且據狹義的爲我同胞告夫國際主義社會主義果我中國民素未聞知而家族主義則人人深印于腦中吾且據最舊之俚言曰一家安樂値千金其中含有天然倫理學之義不料今日愈文明之人操戈愈甚彼之託言曰家族革命是直掩耳盜鈴者試據東西倫理學以爲之證凡自稱文明之人而毆其嫠母同爲開通之弟兄而聚訟果尙可逭其罪惡歟今日中國新學界竟不少是等

社說

人物謬種播遷影響于社會如傳染病于是本能的愛情皆爲毒燄所蔽中國最陳腐之學說曰欲治其國者先齊其家我同胞以本有的感情振刷家族腐敗始也是離改造性質之點不遠矣

（未完）

避席畏聞文字獄
著書都爲稻粱謀

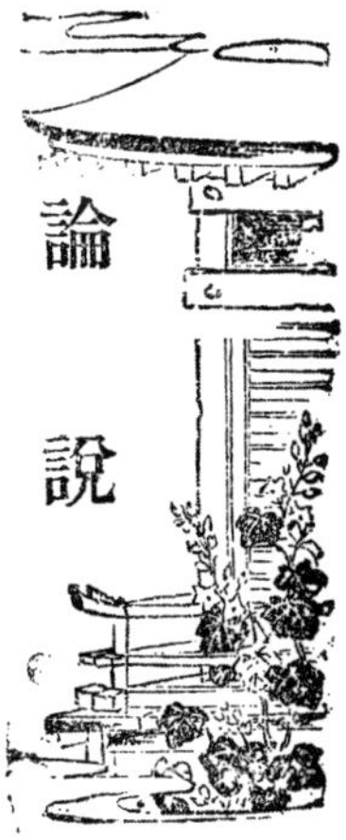

中國開放論

喋血生

本欄于紀事調查處多據美國政治學教授普愛斯卿休世界政策一書參酌而成以外國人談我中國事而我更竊取之甯有愧焉矣雖然其中肯處則斷非我議論家眼光所及也是中國民不可以不急讀

第一章　中國開放門戶之原因

馴獅!!馴獅!!!我中國眞馴獅歛牙縮爪戢耳菿目玩弄蹧蹋竟一任羣獸之處分咄咄凡我族類盍覘亞細亞地圖危嵐憑弔四顧憂來昔日之雄而今安在雖然開門揖盜我民族其有咎矣

余不文不能爲奇偉英爽之談以瀆淸聽然而開場鑼鼓此說白亦萬不容已諸君

論說

愛國諸君盍抽珍重之光陰而一聽余言

二十世紀之新舞臺凡百異族皆以世界政策打開我中國門戶而我民族竟作潯陽老妓專養曳狗尾袖馬蹄之醜類二百餘年猶不能饜其慾情復持其媚性博採兼收凡紫髯碧眼兒盡入余門以爲快咄咄奇醜咄咄奇醜

然則我中國何以善當招待委員作迎接異客之生涯者其特別原因有二一善講大同學我國人之無民族思想至于極點蔑者不論矣試讀最新之闈墨通人之議論類皆主有世界大同並無東亞西歐之區別此種臭談此種賤奴欲得而撲殺之者僅吾同志一部分而崇信之贊揚之者尙十之七焉以王景略之擺脫風塵不免爲蠻人走狗以曾國藩之通碩自命不免替賤奴磔同種龔孝恭抱最奇偉之品性能主謀燒圓明園而乃獻其策于西洋人噫如我中國民族主義甯復何論嗚呼娼妓無從一界限也故人盡可夫國民無種族思想也故凡百異族皆可入我國而奴我諸君其恕余言之褻余其進一解焉夫娼妓之新迎送舊肉身補報不過一拜金主義饑寒累我聊復爾爾若民族之歡迎異種贈以國爲之奴終且拋卻頭顱不保

生命。余每讀中國歷史。凡易姓之秋。必有無數醜奴。爲之先容。(即奸細是)至功成。反爲功狗之烹。甲午之役。庚子之變。我民族料尙能憶是辱也。當是有无數奸細爲異種作水母之目。至功成定祿。聞皆死於異族手鎗之下。嗚呼。而今猶不悟而今猶不悟。噫何樂而爲之何樂而爲之豈與祖國有夙仇哉

二善解同化力　我中國人其眞不開通也蠢然頑物吾其恕之最可殺者口道文明謬發思想之徒余自負笈遄返見鄉大夫有自稱文明者與余接談最奇者忽論同化力倡議曰吾中國民族最能以同化力服人者也讀過去之歷史凡我爭服之蠻夷戎狄不可勝數而歸服之後即從中國之文化即如滿人入關无不從我中國之古訓舊制最近者如西洋人之來中國類多留辮易服噫我中國眞能降人于無形者矣諸君吾亦不暇辨論試深味此談果眞中肯之論耶痛哉余傷哉余由此思想即亡余中國一大關係例如今日有群盜將奪余產業而入余家庭衣余之服制呼余伯而伯呼余父而父余將曰此眞弟兄也不妨以家族囑付之吁三尺之童必有不甘承認者中國人何僅知有家不知有國眼光熒熒如鼠如豆雖然吾亦進一解焉逃難之滋味中國人嘗之者屢矣是則中國人有保守家族之心也試問有造

反者其爲國際競爭而然耶抑僅與箇人之家族爲仇耶是家族之不安由國之不安所株連矣痛哉吾友某君曾演說曰余不因他過而愛國余僅欲保守家族而愛國國既破家族其亡矣喪家孤犬倀倀何之嗚呼中國人一省此言也其亦可以悟矣

第二章　中國特贈於異種之權利

利益範圍及勢力範圍(Sphere of interest and sphere of influence)二語異種之滅人國也全以此爲護身符然我今日之中國已盡入二語之範圍中余嫌其語之不詳爲申明之利益範圍者實業的地利的也若勢力範圍則包含政治的而埃及而印度而波蘭而土耳其種種異族占領地類是不料二十世紀異族竟公然顏于我中國矣饕餮厲鍔咸集矢於太平洋方面得步進步特權先得嗚呼我葱葱鬱鬱之帝國其不應列國瓜分圖之五色線不止也甚矣昔日之競爭也不過一時之兵戰而已而今竟何如而今竟何如言之寒心思之裂目姑强爲述之以占既贈于異種無形之特權而研究其與我中國的歷史有

直接關係者

一◉鑛業特權　天之待我中國人亦厚矣即自然生產一層較于列國已多得特別之利益奈我民族偏不勝寵破家敗子罔知覺悟例如鑛業問題今日幾將全國出產讓于異種矣雖然此果滿淸一野鬼能爲力耶抑我民族自家放棄耶區區滿淸一野鬼不屑汚余双而獨爲我民族責也天下事成敗在我四明公所法國人何竟不敢動手寗波新江橋竟由一未亡人在外國人掌中奪回何以採鑛一事外國人今日要此地我民族即可貢祖宗骸骨以他棲明日要彼省我民族亦可盡諸以承認余妄言不諱苟將來外國人盡以中國寸土分地皆營鑛業我民族大葬先人骸骨置妻子安身之土亦不欲耶我民族弱于排外力且亦恕之尤可殺者以堂堂縉紳素認通明竟以我祖國天然之美產明爲合辦將暗送于外國人最近者如今年伊大利人將合浙江紳士採鑛一切行將成立噫我民族盡極力拒之哉　噫祖國何辜民族何辜何嘗淫其妻女拒其墳墓而爲此惡報哉今將已落于異族掌中之鑛業約略言之

滿洲及山東之鑛產果俄羅斯德意志之占有品耶雲南及四川之鑛產果法蘭西

英吉利之占有品耶其他以異族私人團體而與中國交涉者例如今日之（北京會社）與（普利士莫爾康）之諸創立是也前者伊大利人及英國資本家以六百萬磅之資本金占河南及山西採掘鐵鑛煤鑛之特權訂約凡六十年并附有山西省鑛山地方之南延長（長二百三十哩幅三十里）建設鐵道之特權據德意志地質學家傳溫之說該地方爲世界第一富鑛以今日之消耗論其鐵與煤可當世界製造業二千年之用吁我中國竟好爲此布施事業而善用墨子之道哉

其次四川其採鑛方法有二大會社前者係中國紳商自辦僅得資本一百萬兩以收買鑛山從事開拓後者稱華洋合辦共約資本一千萬兩其半出華人餘則洋人占有矣其產鑛價値以五分作地資五分納稅于滿淸政府開拓會社之組織則以鑛山附近立採鑛及鐵路學校其占與特權之年限以九十年美利堅經濟雜誌曾于此案大發議論其略曰『利益範圍者勢力範圍之先鋒也例如英吉利之泌祈寇于山西及四川既占實利而英吉利之勢力範圍亦膨脹于是地其原因則由于政府保護異國居留人民之義務遂引出政治的干涉其間接的結果在擴張外國

占領地之利噫二十世紀能以鑛山採堀權亡人國眞不可思議者也』悲夫是中國民一聽斯言余未嘗不欲以是策亡人奈何人其先亡余不聞外國人之熱心焦慮將取我俎上之肉羣策羣力靡不贊成前次外國人之將取我北京漢口鐵道權也第一回募集公債驟得本數之二倍又將取印度支那之全權也（含有南方鐵道權）法蘭西第一回募集公債一日間驟得本數之三十六倍名爲實業的地利的而實政治的隱謀所附焉何我中國人竟毫不知國際的對待而尤可憤者則以傳教事業與此問題所牽連其最有名膨脹的隱謀如重慶鬧教一案法蘭西領事要求中國賠償之價即在四川得鑛山採掘權滿百二十萬兩千八百九十八年（即光緒廿四年）法國教士一人在甘肅被殺其賠償之價值即取由北海至甯南之鐵道建設權若山東以殺德意志教士二人故其賠償之價值具有耳目聊能知之嗚呼奚待余贅言耶

今日以西國教士故而滿淸之西太后竟下特別保護之勅旨矣余知其以後則更進一步將來苟索大淸國大皇帝之玉璽而西太后必專主贈之若我中國民族又

論說

奈何若我中國民族又奈何

二◉貿易特權　余觀列國歲計表余讀列國商業發達史咄隋煬帝築運河爲異種人作好子孫今日之中國則又生出無數之隋煬帝開成無數天然的運河以待異種人搴旗而來咄異種人果何修得此幸福哉不觀今日二十四處之條約港果滿清政府下命令而我民族勞心勞力以代開者乎凡此等港地已隱屬外國人之殖民地我中國人猶嫌其未能盡善復慫恿滿清政府設稅關所十四處凡外國運來商品許其特占便宜又於開港諸地讓以建設工業場之特權最顯著者如上海製造場于外國人的生產業可見一班矣

是千八百九十九年(即光緒廿六年)海關稅務行政改革一案似滿清政府攫我民族之膏腴已厭特贈于西洋人之手而爲最貴重之禮物吁釐金制度腐敗已非一日然此後則兩重糾葛我民族欲求自治之一日乎則奪回主權增一層困難矣」

千八百九十八年(即光緒廿五年)河川通航條約開放以來又以全國航行自由權贈于外國人矣是楊子江新條約成於沿河開港場以外更贈以市場五處使外

國人于貿易上得世界未有之便宜咄今年日本開博覽會以陳列商品故中國索借彼數十坪之地竟大費唇舌雖然此一時之假借耳外國人乃如此而我中國竟以土地爲禮物東贈西送索之即予噫何其濶綽哉何其濶綽哉

俚云『殺人不見血』外國人之以貿易政策亡我也果若是其劇哉雖然其貿易與政治關係之說處于無形裂余音腺言之恐國民犹有未信者乃錄中國貿易統計表嗚呼亦可以知外國人之勢力矣

國	輸入中國者	中國輸出者	總額
英	29,571,519佛郎	9,566,524佛郎	39,138,043佛郎
美（合衆國）	9,193,383	13,875,192	22,358,574
歐大陸	6,330,131	19,123,929	25,454,061
日本（臺灣附）	12,980,006	11,719,873	24,679,879
俄	2,542,971	22,127,314	14,671,284
香港	66,603,030	44,637,243	111,240,273
其他列國	26,954,181	9,920,142	35,864,323

右據中國對于諸國最新貿易額分配表。係一千八百九十九年美國調查者。今復以列國人民居留于各開港地者列表如左。

國	人數	旅館數
英吉利	4929	374
合衆國	1564	
日本	1106	
葡萄牙	975	
德意志	950	
法蘭西	698	
那威及瑞典	439	
西班牙	362	

右表一千八百九十八年正月由英國殖民大臣調查總數一萬一千六百六十八。各國等差之別如表。

其他於貿易上權利之比較。船舶是也。千八百九十七年。中國諸港船舶出入總數。

四四、五〇一艘。噸數三三、七五二、三六二。（其內蒸汽船數三四、五六六、其噸數三二、五一九、七二九）國之區別計英國船二一、一四（二一、八九一、〇四三噸）中國船一八、八八九。（七、八一九、九八〇噸）德意志一八五八（一六五八、〇九四噸）日本船六五三。（六六〇、七〇七噸）亞美利加船三三三（二六九、七八〇噸）。法蘭西船四六四。（四二三、二二二噸）翌九十八年中於上海入港蒸汽船總計英吉利三一五七艘中國一四七〇艘瑞典及那威八五九艘德意志三七六艘日本二六八艘法蘭西一一二艘美洲五二艘由千八百九十八年中國港出入船舶總噸數中大不列顛占六割二分中國占二割四分其他則共占一割四分據上觀察以我本國盡有之數尚不足以敵來賓其亡其亡我中國眞永刼不復哉

然我中國貿易界之黑暗之障礙不暇自主而乃贈其特權于人者欠缺果何在哉英卿羌爾掊福德對於國中協會之決議其主張曰中國貿易之不發達其原因有二

（一）對于條約上之義務缺乏徵信

（二）對于條約港以外之地无安頓協合公司之善策

（三）中國經濟家一般智識之缺欠

嗚呼貿易事業者一國之神經線也千八百九十六年英臣張伯倫氏之演說今摘錄其一部分如左。

商業者政治的利益中最大部分也總之國家之官衙爲執掌商業之學校若外務省殖民省以膨脹新市場鞏固已成實業爲唯一之義務苟國中增一分商業即延一分壽命

噫以如是之殖民大臣而遂有今日如是之英國奈何以中國之社會也稱商人則曰鄙夫視商務則謂賤業作如是觀故士大夫不屑爲之事而命異種人代爲之不料異種人畢竟以鄙夫賤業之作爲覆我宗社也偉哉商業美哉商業余復何言今且以一語贈國民曰有一分經濟有一分自由失一分經濟失一分國權

（未完）

經濟　教育　軍事　歷史

傳記　文學

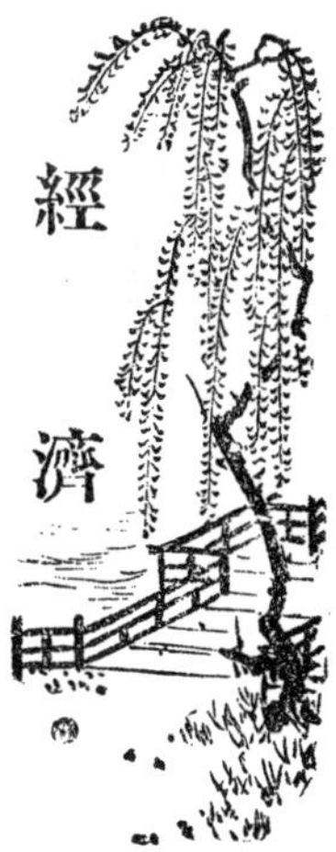

◎經濟問題◎財政問題

經濟研究生

緒言……二問題之性質及關係……經濟問題之不可偏向……財政問題之不可偏向……二問題混同之弊……結論

緒言

經濟問題及財政問題。二者之性質。各不相同。世人皆宜辨別之。茲試畧述二者之梗概。所期有志者詳稽博攷。證以歐美之學說。驗以吾國之事情。庶幾有以扶偏救弊焉。

二問題之性質及關係

解釋經濟問題者。以着眼社會之狀況為主。解釋財政問題者。以着眼政治之現狀爲主何以言之。蓋經濟問題者。內則考量農業之盛衰。工業之興廢。交通運輸之便不便。外則審查國民個人之事業。共同之事業及對外貿易之現情。所謂利害得失者。不可不判白也。財政問題則不然。內則詳明政治機關之組織及運轉之方法。外則精計本國對列國政策上之收支是也。但二問題之性質不同而二問題之關係常存。故解釋經濟問題者。往往影響及於財政問題。解釋財政問題者。往往影響及於經濟問題。即謂二者相互不相離可也。譬如政府以經濟問題爲政策則民間之事業獎勵提倡之不遑。而財政膨脹之必至勢也。反是則如戰爭之時。辨理國費或增租稅或募內債不免吸收民間事業之資本而經濟上受利害之感者又勢也。以結果而論經濟問題及財政問題。實有密接之關係。惟其關係之密。即其區別之嚴不容混同之理由不可不察也

但二問題之關係云者。非並立之關係。乃永續之關係。易而言之。財政問題之利害。與經濟問題之利害。非同時並生。經濟上之一行爲。常爲財政上引起而發財政上之一事實。常爲經濟上變動而生。謂之「原因結果」之關係可也。雖然此二問題之

關係。亦因地而殊。因時而異。有時雙方之利害相同。有時雙方之利害背馳。蓋國家視人民爲一。則個人之利害總呼吸於國家利害之中。此二者結局之利害必歸於一。苟其不然。若解決財政問題。因經濟問題而有所爲難。若解決經濟問題。因財政問題而諸多窒礙。政治家不可不於此三致意也。

經濟問題之不可偏向

不顧民間經濟之利害。惟收斂掊克之是務。是爲暴虐惡政。決非文明政治家所出此也。但財政計畫之結果。或害生產。或妨事業。經濟上受損耗而被指摘者。勢所難免。若不權輕重於兩間。徒執一偏以論定。是未知國家之財政爲何物也。然雖財政計畫之範圍。不當與民間之經濟相衝突。此爲財政家注意之要務而不容忽者。但天下事不惟其常而惟其偶。況乎財政之目的。不在民間之經濟。而在國家之自立。若欲完備國家之自立。無論經濟之如何。決無拒絕之理。故不得不置之於第二層。當斯時也。「財政之前無經濟」之說。令人不得不記臆及之矣。

非不知保護民間經濟上之利益。爲國家最重之一部。所謂經濟政策之舉廢。直與國家之消長相關此更不容疑者。如上所述。得毋過乎。然有時不得不觀察政治上之現狀以爲財政問題之主而置經濟問題爲附否則遺國家之重要者於後圖而沾沾焉以民間經濟上之利害爲先徒生不利不便之虞而貽先後不明本末倒置之誚耳

財政問題之不可偏向

今日之執政者往往以財政之故而延緩國家應建之事業若曰「有金則爲之無金則止」是則國家之事業一若在可得可失可爲可不爲之間輕蔑何如也抑知國家事業之發達遲速即於國家進步之程度攸關故各國之解決財政問題者以法律上及政策上之要不要急不急爲斷不要不急者固可緩若其爲要也急也則財政計畫之方針不可不運算之至密於此卜財政家之手腕巧拙也是則問題之根本在事業之要不要急不急於是應有調查國務之舉若者宜緩若者宜急若者當先若者當後蓋財政之目的取決於政治機關之組織及運轉之方法也西人有恆言曰財政問題者決於政治之方針非政治之方針遷就於財政之範圍也試問

今日國中之政治家孰知此義者哉譬如『普施教育』『擴張軍備』『振興實業』爲急務中之急務往往以財政之不許委蛇踐蛇然而各國賠欵及其他糜費猶羅掘之不遑倒行逆施紊亂錯雜莫過於是謂之何哉亦有以事業而就金錢如美國之處分國庫餘金者是也蓋美國每年每歲國庫中增莫大之餘利於是以此欵項而商量其事業一若無所處分者然此則國庫之餘金非正當之財政也枝葉之事業非根本之事業也安得相提並論乎要之量入爲出者個人經濟之原則而非國家財政之定義也蓋國家財政之性質含有强制的及不得止的之二義或增租稅國債一任財政家手腕之選擇何謂强制的及不得止的完備國家自立之根本是也不然殉於財政之故而延遲遷緩非徒不知財政之性質實阻止國家進步而忘前途之危險也

二問題混同之弊

明明經濟問題也偏以財政問題解決之如內地行駛小輪及開設紡紗廠等類而欲官辦者是也明明財政問題也而偏以經濟問題解決之如各府縣之急宜立學

校與實業等類因民間之貧弱而因循遷延者是也彼此混　乏分明劃一之思想是爲今日政界之通弊因是而百病叢生造出許多難問題故無論在朝在野之政治家尚其爲國家存亡安危之關係而於二問題研究之也

結論

假令解決財政問題者而置經濟問題於度外如秦人之視越人漠不相關者其爲暴政虐政也必矣非吾人所敢取也抑令時時以廻護經濟問題爲心而棄法律上及財政上之布施如敝屣者是又不能不謂之謬戾也要之政治家者推察時之緩急審量事之輕重古之政治家所謂秉鈞執權之意義其庶幾乎

本期「政法」豫告續第一期舟山條約之感慨因作者適抱微恙不能握筆姑俟諸第七期而本期以此門補闕讀者諒焉

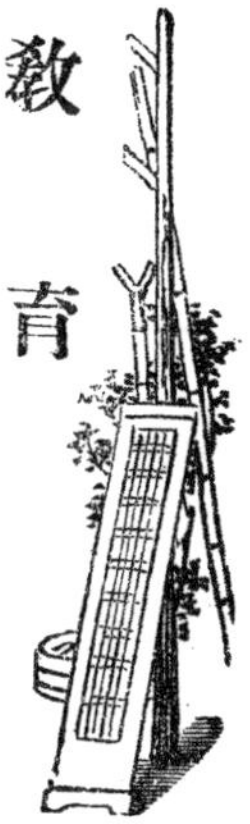

教育

教育學（續第三期）

不戁子

第三節　教育之界限

國家之要求　國家而欲謀根本之鞏固生氣之活潑實力之充足則對于國民必有種種之要求强之迫之而使之入學所謂受義務教育者此國家自衛之要件也苟有怠于玆而國民亦從而不教育其子弟則將率一國之民盡爲孱弱無知不德之徒國家之基礎于是乎動搖生氣于是乎沮遏實力于是乎耗欠一旦北風告警外患交來未有不一敗塗地煙消雲滅者是則義務教育其要矣雖然有人焉提倡之經營之顧背于國民之道仍不脫奴隸教育之陷穽烏在其爲義務哉故義務教育亦可謂國民教育必基乎國民心理學凡兒童之稟賦性質無一不當悉心以考察之而本國之對于列國之地位境遇亦不可以稍忽夫然後始可言義務教育否

則所謂國家之要求者非出于獨夫自私之心即出于官吏媚上之手徒使一國之中添許多蠹賊添許多弱蟲渾渾沌沌惟向來之惡習慣是崇拜世界大勢進化原理皆瞠目而未之聞也嗟乎以斯之民國家奚賴所以自衞者正所以自賊也耳抑兒童者未來國家之主人翁也凡負教育之責者無一不當弘發願力捧一國家思想以灌注于全般國民之腦質庶國家之基礎鞏固而不可撼日人蘇峰氏曰『教育者爲國家造造國家之人也』爲問我國國于何方謂有國乎權在異種謂無國乎我非奴隷嗟嗟同胞其有聞此言而抖擻精神普施教育爲新中國立根基者乎

教師之才力　教育者縱有强健之體格充足之學識可愛之德行足以感人足以動人然終不能舉被教育者之禀賦而趨于極端況有偉大之感化力者寥若晨星乎已有種種缺陷而欲以之教人則受教者未有不受其毒者也且猶有可慮者即有適當之人熱心從事而任年有限掣肘有人不克從容布置縱所欲爲又將何以自處耶雖然欲教人先教己此固教育者之分內事也

更有不能不注意者教育之勢力誠哉其偉大然或傾于偏頗則其感化所及其禍匪淺勢不至賊人之子不止也人各有禀賦各有自由教育者固不得以一己之癖加之于生徒苟其有之則流毒之蔓延甚非生徒之福嗟嗟世不貴有奇矯之士而貴有多面的圓滿之性格之人此二語實國民教育之精髓也何以言之國民學校之學童尙在普通學時代初未嘗如專門者各就性之所近專執一業者也則具常識爲其第一要著豈可容教育者之所好率全體學生傾向之而效法之乎

是故教師之才力其要矣否則雖有美善之計畫完全之教授法幻事也空文也無一毫之影響及于生徒也

然則教師之才力如之何而後可曰堅定之德性也充足之經驗也健全之身體也對生徒而有如燃之熱誠也無此四者不足爲人師

社會的勢力　天下力之大者未有如社會者也雖以他種之勢力極力反抗而謂能廓而清之使之不留餘地者吾未之見也上之所舉各種之制限要皆社會的生產故謂之上之五者皆其子而此則其母也亦無不可吾就廣義言之教育者社會

的豫兆而制限教育者則又社會的勢力也故社會的勢力與營設的教育能互爲用也則教育之效果碩且繁不然則否

昔之教育者常欲避人間之塵囂社會之惡風擇杳無人跡之地闢學舍以試行吾之理想教育此愚人也人不能脫社會而成立縱令在學校時期日日談新道德新社會而一俟出學復沈溺于腐敗社會之中而能不爲所動搖者吾決其千不得一也

然則將任社會的勢力之强大而已之理想教育竟無日以施之乎曰烏乎可吾既觸接于社會之中其勢力之及于被教育者吾惟有認識其狀態而利用其勢力以冀吾道之行利用之方法維何其在創無瑕之學風始

先以學風振社風復藉社風之勢力以增大學風互相爲用迭次進步此教育者所莫能外也美國西卡哥大學之教授約翰求惠夙注意于此法彼能于教育上別開生面之人也其著『學校及社會』一書之中有一圖表玆揭之于左以示學校與他之社會系統之關係也彼以學校爲教育之中心其一則家庭之關係或由學校而

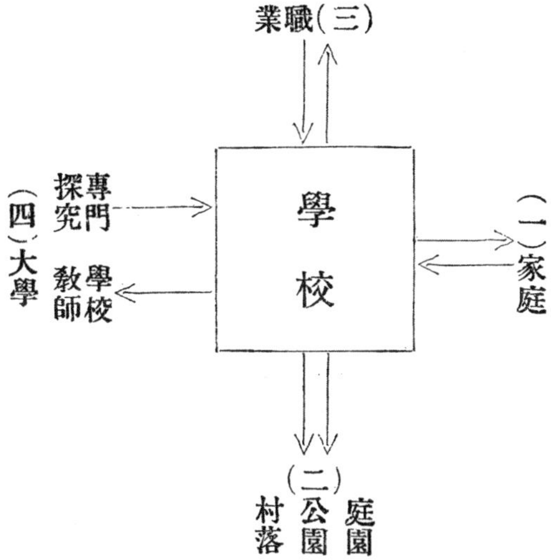

及于家庭或由家庭而及于學校其二則庭園公園村落之關係其三則職業之關係其四則大學之關係大學而及于國民學校是在專門之探究國民學校而及于大學是在學校之教師

準斯以觀學校之不能離社會以行孤立主義也明矣學校之所教者在乎能活用于社會而又能改良之破壞歟建設歟要皆不可不利用其勢力者也　（未完）

破屋荒畦趁水灣
行人漸少鳥聲閑
偶迷沙路曾來處
始蹈苔巖常望山
樵戸秋深知露冷
僧扉晝靜任雲關
霜林猶愛新紅好
更入風泉亂壑間

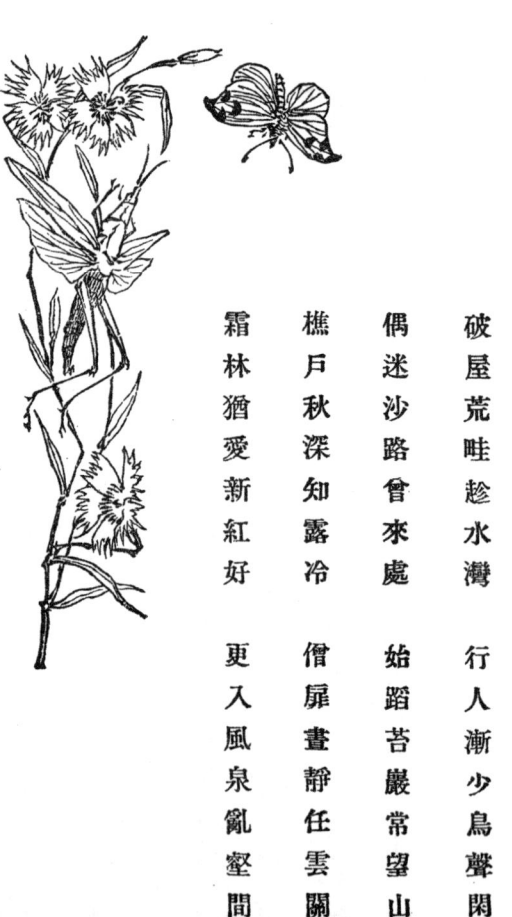

兵事思想改革說

尙變子

第一節　兵事思想概論

尙變子曰吾欲爲中國一釋軍事問題即有有形的無形的天然的人爲的諸種黑點若恒河沙數纍集胸前目爲眩心爲迷口不能言手不能筆雖然吾得提其至單純至切要爲今日軍事改革中之先鋒者即兵事思想是也思想者實事之母也地非不廣人非不衆鉄艦不非堅鎗砲非不利而割地而賠欵而爲城下盟豈猶是形式之過哉吾敢斷言曰思想而誤也形式是修無益中國而欲自強也必自改革兵事想始

夫思想之爲物流質的而非固質的也唯爲流質故故與時代遷移與社會進化法人讀方勞氏戰理曰『吾知昔日之非計而求將來之準備』觀此則知其有未來無

現在奔流激急有若黃河經龍門而駟馬難追之勢然則兵事思想之構成不可不研究現今之趨勢明矣覺路支曰『即業農工者苟不思積極之將來情形則其製出品必不能適合於現時而失其價值何以故則以人人皆有供將來需用之願望故天下萬事宜從現時之思潮可知矣』信哉斯言。理想界上之樂天地過去者不得見未來者不得知而現在競爭最劇最烈之時代目睹之身受之則觸於外而感於內有不勃然興猛然醒者乎試觀歐洲各國軍備。足以知今日之趨勢。

國名	平時兵數	戰時兵數
俄	八六〇、〇 〇	三、五〇三、〇〇〇
德	五八五、四四〇	三、〇〇〇、〇〇〇
法	六一五、四一三	二、五〇〇、〇〇〇
墺、匈	三八五、六九七	一、八二七、一七八
意	二三一、三五五	一、二六八、三〇八

英		一六三、五六九	五一六、二二〇

試以兵數當人口比較之。

國名	人口數	一兵所對之人口（右平時左戰時）平時	戰時
俄	一二九、一六六、五六一	一五〇、一九四	三六、八七三
德	五二、二七九、九一五	八九、三〇〇	一七、四二七
法	二八、五一七、九七五	六二、五八九	一五、四〇七
墺匈	四一、二三一、三四二	一一四、九二〇	二二、〇二三
意	三一、一一四、五八九	一三五、二四九	二四、六七一
英	三八、二〇四、九七五	二三二、九五九	七二、四一三

由此觀之。法當戰時一兵衛民十五餘名德一兵衛民十七餘名俄一兵衛民三十六餘名各國軍備之擴張如此即以俄較少之比推於我國四萬萬人民當得千餘萬精兵有不令人驚絕者乎茲更就其經費之點而察其國民每年負擔之數。

平時之軍費

法	五、三三〇、〇〇〇、〇〇〇	法郎

軍事外之常費	一九、五八三、〇〇〇、〇〇〇法郎
國債之利子	四、六四〇、〇〇〇、〇〇〇
總計	二九、五二六、〇〇〇、〇〇〇
一人平均負擔數	八一、六九
一人軍事負擔數	一四、五六

右載平時軍費僅以陸軍計若合海陸全體之費目每年總計當不下八十三億九千五百萬法郎此外以海陸軍備故又約有三百億法郎之資本金由此觀之歐州國民負擔軍費之鉅大可想而知矣

抑吾思之財產者個人之性命也軍人者死官也擲性命就死途而不顧必更有重於性命危於死途之一種思想入其腦中帥其氣魄而後若水之就下獸之走壙勃勃然而莫之能禦

此重於性命危於死途之一種思想維何日耳曼之結合意大利之統一伯爾加民族之運動希臘之獨立匈加利對墺而謀自治民族主義之闡明即此思想之萌芽

也美之收布哇取呂宋英於印度法於安南德於非洲小亞西亞等處帝國主義之展布即此思想之生長也其在萌牙時代則以戰爭爲各人應負之義務而歐洲之國基以立其在生長時代則以戰爭爲公共之事業而五洲之政略以生

何謂戰爭爲各人應負之義務吾祖有土勿令人割吾祖有法勿令人制制吾一條法割吾一塊土即辱吾祖辱吾祖而可忍孰不可忍以此不可忍之故腥風血雨乃舍身於犧牲白骨黃沙抛家室其前敵慘矣哉十九世紀之最可恐最可怖流血爲渠積尸爲山或數年而一見或十數年而一見美矣哉十九世紀之最可愛最可羨國際自由個人自由享此無窮之幸福得此無上之名譽

何謂張權力爲公共之事業吾讀孟哈之權力史吾聆魯司難頓之演說吾思維廉第二之勅語心忡忡憂目炯炯注考其想定之方針察其行爲之手段操之有素蓋非緣木求魚也夫殺一教士而索地要欵損一商賓而輕動干戈五洲勢力之範圍以白皙人足跡之散布而定噫何其盛歟西顧睡獅可以覺矣

第二節　論中國兵事思想

軍事

謂吾同胞無兵事思想吾不信信吾始祖以軍人精神而貽我也戰蚩尤平大陸北盡幽燕東漸於海西統川陝南底荊揚以聖武之靈裔支配而成帝國謂吾同胞有軍事思想吾又疑疑吾同胞割其肉不知痛奴其身不知辱而簞食壺漿以迎夷師爲榮也辱於金奴於元野猪搖尾山猴翹首不知今日之域中竟是誰家之天下

雖然兵事思想者先天而非後天也原人之世戰天地戰禽獸戰矣而不自知勝矣而不自覺既一戰而勝矣又不知將復有戰而爲之備是爲渾沌思想及羣動劣敗而人類優勝日以滋繁成家成族而人類之競爭又起當是時人之智識知戰矣知戰而勝矣並知求其所以勝而爲再戰之備乃求之不得備之無方而天佐神助之說出焉是爲神代思想至科學大明羣疑盡釋戰爲國戰兵非昔兵慮密備周如大氣之覆被同德一心施以分金術而不遊離是爲天然思想吾執此三界說而求之我國蓋尙未離第二界之神代思想焉試區其類於左

一恐怖思想

二詭異思想

三無爲思想
四鄙賤思想
五僥倖思想
恐怖思想　讀從軍詩思行軍苦誦戰場文思戰爭危闇膿肉史思革命慘心以慟以驚狀懈悚若喪家狗夫亦曰是人情也無足怪雖然吾沿墨西比登落机縱覽十三州之方積一草一木操戈相向轉而渡大西洋登大陸其人民無不具有『阿脫歷』之筋肉而以 Sauve duipeut (逃得者皆逃)爲恥言還觀東亞取分三島有所謂『太和魂』『出戰榮』『從軍樂』『祈戰死』之雄聲擊我耳膜是何以故則以彼已歷恐怖時代而至此故試以歷史論

『封建』『雇兵』『常備兵』「國民戰」此東西必不可避之階級也西歐那帝以前已由封建無紀律之兵變而爲雇兵爲常備兵矣方勞氏論常備兵曰『其軍一經敗績即不能再組織一新軍以故當時君主皆以兵凶戰危爲惧』又曰『當時人民之意志於戰爭上無關痛癢而僅受戰爭之影響以生畏怯』又曰『其組織以銀氣成

而無義氣惟其以銀氣成故平時貪利而苟安惟其無義氣故臨戰畏怯而不前」至言哉吾以證之那帝戰蹟以證之聯合軍勝事

那帝之勝也歐州各國君主與之那帝之敗也歐州各國國民敗之何則當中世之末各國君主之目的沾沾然以內國之統一爲務以政府之財產是謀嘗以重歛養兵民不知兵爲何物兵亦視民如路人而那帝任法國之風潮以三千萬之公民結爲固體舉戰爭之利害悉與共之此所以戰必勝政必克席卷全歐勢如破竹也向使各君主反其方針改其行爲則足同是方臚同是圓縱那帝之雄才而衆寡懸殊安能以一敵六哉觀聯合軍戰勝可以知之各國遭禍既烈人民受痛亦深於是西班牙籍此以國民戰墺亦編制豫備隊及留守兵俄亦傚之普亦召集國民增二倍之兵八百十三年及十四年之戰遂使巴里屈膝那翁低首豈非那帝之敗出自各國國民乎要之西歐國民之好戰嗜殺而特恐怖時代歸於天然界上者那帝之功也日本覆幕以前尙屬封建制度雖有武士道之風亦不過西歐中世之一部公民而已而其大部之思想尙未脫恐怖時代若美爲天然界上之驕子所新造之國

也吾無論

審此則我國現當『雇兵』『常備兵』雜組之際其有恐怖思想宜哉宜哉夫恐怕者怯之原也怯則氣餒氣餒則軍散以散軍與彼一致團結之國民戰宜其若卵投石一敗而再敗然則爲今日計非改革軍制不可雖然吾不敢言即言而聽而改吾恐腦髓未固之羣羊一遇虎吼而不能立足矣今夫獅獸中之王也其力其勢百千倍於人何以聞人聲而躡足見人影而避道必其始祖相傳有『若彼人者兇猛異常吾族而至今也幸矣愼勿與角以滅吾族』之一種恐怕思想據其腦靈是其與原人戰爭以來不知歷幾千萬年而不能去也故君子貴作始

（未完）

歷 史

最近三世紀大勢變遷史（續第三期）

大陸之民

第十九世紀

昔巴比侖貴官伊剌克難有驕心國王醫之五日而愈進藥之法每待伊剌克難朝眠覺王先命伶官入其寢室朗誦功德歌將食則羣伶奏樂內官持王頌德書呈之每伊剌克難一啓齒則一內官擧手曰聽!!聖智語哉每伊剌克難一二語他之內官讚歎曰若是聖智語哉聽!!他之內官皆同聲應之且頌且笑初貴官聞頌德歌聽讚美辞色飛眉舞揚揚自得至第二日則喜悅不如前第三日則稍生厭色第四日則不待終席而逃去第五日則驕心瘉矣直起而謝醫者

嗚呼十九世紀者亦有巴比倫貴官就醫之一景象也追慕過去之樂園時代夢想將來之黃金時代自問現代無限之進步發達而有無數之新聞紙講談演說著述

學術

論文每朝入十九世紀之寢室奏欲德之歌呈頌德之辞而同聲共應曰十九世紀者未曾有之世紀也十九世紀之人於未曾有之佳時生出者也一般世人又以喇叭鑼鼓以和之雖然十九世紀者果有受頌德辞聽頌德歌之價値否耶

蓋法國之革命如大江之流由堤防遮斷而潰裂也數世紀間之積勢由法國革命始得發動之機會法國革命之後承十九世紀者其勢固不得不進步也試取一百年前之歐羅巴與今日之歐羅巴比較凡社會政治宗教道德學術教育其變化之絕大誠足令人聞而駭走焉然于十九世紀爲眞可受頌揚者惟特有之物質進步而已

十九世紀之物質的進步

希臘神代史之著者嘗戲言曰十九世紀及神代於世界最不可思議之時代也神代之事蹟吾不之知其奇說怪談吾不之信吾於十九世紀之電氣蒸氣誠有馬兒紐利神空虛飛行之憾慨焉昔牛頓以一時間旅行五十里告人衆嗤其虛妄然則苟起前世紀之人於地下以視今日物質的進步彼等恰如吾黨視祈獨兒維路月

界旅行小說忽得實驗生一般之感觸也

夫人之智識隨物質的進步而長凡十九世紀之生物均棲住于電氣世界機械世界中故其腦力亦發上古所未見而强弱競爭之劇亦因之愈演愈奇焉

物質的進步及文明

十九世紀之物質的進步實未曾有之進步也吾視夫英於十八世紀已露萌芽而十九世紀則生長矣

當十八世紀之初英國之載于歐羅巴地圖上不過一極渺小之國面積人口不及德法三分之一是不列顚王國之版圖闢而面積遂增德法二十倍人口六倍若各種物質而亦較各國發明爲先至文明程度而亦漸次增進今試以英國與大陸諸國比較則其百年間之變化雖合無數化學家不能考出其原質試問其他諸國若巴黎柏林夫倫難馬特烈特今日之外觀無異于路易十五世及夫利特利克大王之時代也蒲利達尼亞烏維哀倫薄美剌尼牙西婁瀉敗米亞羅馬柯那柯婁納達之生活狀態依然七年戰爭(千七百五十六年……千七百六十三年)時之生活

狀態也。然則一轉眼間。見英國紗兒陋密特兒塞克難蘭克瀉伊兒諸州變換之現象果何如耶。夫大陸諸國較英國文明及物質之進步。瞠乎後矣。雖然有優劣然後有競爭。競爭而世界乃有並駕共進之勢。欲視眞面目。請登二十世紀之舞臺。

物質的進步及思想界

學問之範圍與物質的進步有密接關係者科學也。十九世紀之科學者。享有前代未曾有之機巧精微儀器及無數之新材料。嗚呼于地球上蒐集無數材料。若特爲十九世紀講科學者賜也。試以昔日確培兒尼克斯卞利輅牛頓華兒維伊刺維祈愛等使用之器械。與今日之精微器械比較。不異以昔之脆弱帆船與今之甲鐵對疊耳。嗚呼十九世紀之科學。果與是等精巧器械及無數新材料同比例以相進步也。

夫十九世紀之科學。果決不落他時代後也。吾視達爾文之進化說。實爲十九世紀科學上不朽之歷史。達爾文於生物界上發見進化之法則。不特爲科學界大發明。凡哲學道德宗敎社會之觀念。悉悉一新。噫。智識不可限。萬般之現象皆身進化之公理社會制度之變遷進化也宗教道德之發達進化也風俗習慣之變革進化也約而言之人間之歷史即進化也吾人棲住之世界即進化世界也嗚呼是何樂天之世界觀乎進化之觀念即脫古代之迷性爲永生之希望也進化之觀念即救人類之完全爲十九世紀之福音也

科學之進步關於人間社會有絕大影響吾于進化論外若菲剌特發明磁電及光之關係而物理學之新生面開婁懷黎哀以數理發見肉眼所袂不到之天王星十九世紀之科學功績實不勝枚舉然其絕大之進步終較牛頓諸君子爲上乘也

十九世紀於思想界實爲劃定之時期蓋歐洲之思想界由希臘初代之哲學而來既已異其方向裂其潮流爲二派一理想派即唯心的傾向一實驗派即唯物的傾向也夫以康德草新知議論後爲劃定理想派之新時期然十九世紀之理想派哲學者得未一人於康德學說外能別開生面也若實驗之哲學於十八世紀末之法國感覺派已達極點若十九世紀之實驗學派亦不能出其範圍故曰十九世紀之世想思實爲劃定時期也

十九世紀之文學隆盛誠足令人祝賀凡平民的文學要素於十八世紀既發其萌芽爲法國革命之前驅待革命種子既已破裂自由平等主義遂風靡歐洲受其鼓吹者生氣勃然若英國之倍倫福兒特蘇兒斯休婁施苛脫等其尤著也

夫文學之機關何書籍也十九世紀之印刷書籍數於祈郁遜之時代則所出版者勝一年於休肯斯桃亞之時代則勝一世紀以數萬倍之進書藉遂喚起知識上數萬丈之光燄嗚呼十九世紀之思想界果何如也

物質的進步功德及結果

文明何物乎目不可視手不可觸是故難定義者文明也是難捕捉者文明也然欲求十九世紀之文明與他世紀之文明比較則先向物質的進步之文明上以求其功德

吾且着眼於八方吾覩人口之倍蓰都府之膨脹財富之增加迅速旅行之力檢毛髮百分之一之機械窺億兆里外星雲之裝置每年復往億萬信之便利瞬時數萬里外傳播消息之奇術一言以蔽之皆物質進步之功德也試問以十九世紀前收

物質進步之功德結果。是以前代之人爲南洋土人與優劣也。而以十九世紀之人與前代比較。則犹以前代之人對南洋土人也。文明者極複雜之事也。學術道德其一部也。社會風俗其一部也。能利用文明之要素。自爲物質的進步之結果焉。

物質的進步及社會不平等

物質的進步果人間之幸福雖然社會不平等之原因由玆引起。以十九世紀之物質的進步謳歌功德之聲與勞働界問題之怨聲相比例。噫思過半矣。今日最麗大的物質進步莫英國若也。然十九世紀英國之人民以待救助金而免凍餒者每年一百萬。以過度之勞働而達得最下層之生活者。年每數百萬。噫疾苦病死而賣淫竊盜欺騙自殺之罪案充滿于社會。而王公大臣貴族豪富則車攻馬同。逍遙于安樂窩裏。若十九世紀發明一切物質的進步皆爲袞袞諸公而設。而平民則仍囚于腐敗空氣黑暗世界中。不知人間世有電氣世界機械世界。雖起居飲食間。令我有天堂樂之嘆也。嗚呼歷史上罪惡無智貧窮殘酷社會不平均之幕是十九世化開噫十九世紀之社會狀態實最可寒心之狀態也物質的進步之澤上等社會受之而貧民無與也幾百萬勞動者皆以黑烟爲生涯而呼吸新鮮空氣之幸福無與也於一時間行數十里之滊車安如也而貧民則奔走鬭足焉一逥間橫斷大西洋之滊船便利也而幾百萬之貧民不能保生美於父母之邦反乘逆浪以流出海外衣服之便利之華美僉競愈奇而貧民則不得謀一襲器物食用之新異每隔山海萬里來輸入市塲而貧民則以萬斛辛酸之淚終日奔波之汗血易一片麵包嗚咽就食而已吁慘哉

凡欲揚十九世紀物質的進步之功德單以生產之額判斷而已夫生產之額日衆社會之幸福日薄百實業驟興而富者益富貧者益貧夫物質的進步眞文明之退步也

蓋物質的進步於殖產界一大革命起人間之腕力全以蒸氣電氣之力代之于是工塲組織之制普行家內工業之生機全絕夫家內工業者以少數之基本金自由勞作彼業雖微而一身之主人翁不失也彼護實雖少而自然之法則獨立之生活

不悖也自工塲組織起則多數人民僅得爲資本家之奴隸而獨立性質乃全滅絕自由生活乃全阻止而於是十九世紀之後半之社會黨起而於是殖產界的革命面目一大變

十九世紀文明之前途

夫物質的進步之弱點果如是哉然吾不敢以其弱點而反對之物質進步者人間之要素也苟無是進步則世界亦終此野蠻而已要能以社會的精神的進步與物質的進步並行不悖斯可矣然則利用物質進步之途如何是極廣濶偉大範圍內之問題也欲解脫之請視二十世紀之事業是蓋十九世紀之文明不完全的也十九世紀之進步物質偏長的進步也吾不知過去之歷史吾不知十九世紀文明之源淵吾單於物質偏長之進步上觀察之夫克刺伊兒所謂十八世紀爲虛僞自滅之時代豫爲十九世紀物質進步咀呪故也噫虛僞自滅非也十八世紀旣革進之時代也十九世紀亦改進的潮流之一部分也無十八世紀之革進則無十九世紀之文明無十九世紀社會不平等之風潮則世界終此無進步文明之弊進步之波

折也波折愈大進步愈速不知此者不足與言十九世紀革命之影響

法國革命之影響

十八世紀之革命深入于人心之根底廣及於社會之全部亘於精神上社會上普及之革命也若法國革命之大震動波及于歐羅巴全洲有直接之影響當其主腦曰社會的平等也曰政治的自由也曰四海同胞之大主義也此理想此主義遂刺激于世界國民之腦其功德遂飛揚社會政治之實際界永無沒時當時北美之新建國亦由革命之大危機而衝出而歐州諸國專制政体之幕亦由此收拾嗚呼社會的平等政治的自由四海同胞之大主義是亦十九世紀物質的進爲特有之現象也

平民的大勢

社會平等之主義至十九世紀乃大發光輝以基因於偶然之事情乃現出十九世紀不可思議之變狀所謂平民主義者歐羅巴歷上史最古最強抵抗最烈之大勢也中世紀以前不言矣以歷史之潮流順遡平民主義之發達遠至于蝦夷滿大帝

版圖瓦解之時。其跡歷歷可徵吁茫茫數千年國起國亡王與王戰貴族與貴族戰千辛萬苦昔日之雄而今安在吾起諸公于地下其自笑盡爲平民主義當馬牛否」

凡十世紀以後之事業其方針悉于社會平等之表面注合凡開放門戶之始其權力代表平民與王黨貴族爭者宗教也王黨貴族專領財產之外爲平民開致富之途者貿易也數度十字軍之遠征王與貴族疲獘而平民遂蘇於千年塚中自發明鎗砲火藥物質界平民之權遂于武士等印刷器之發明文學藝術之進步皆爲發揮平民伎倆之大舞臺凡社會之生活益複雜人間之事業愈增加平民之勢力漸次擴張而王黨貴族之特權遂乃減少於是貴族社會階級下降平民社會階級上昇兩者懸隔之距離乃接近矣

平民之勢力因百般之事情向增加其大原因則由於貴族之封建制度於近世紀貴族逞威愈烈而歐洲諸國王僅守空位保空名而已而平民之爲其奴隸不待言也於是國王皆欲恢復其實權而平民亦甘心助王以脫貴族之軛兩者相攻封建之制度乃倒而歐羅巴統一王權之勢乃就而平民主義亦由封建之墟中若隱若

現出其頭角

平民主義之大勢滔滔與歷史之潮流共走而有遮斷其潮流反抗其大勢者適足以助長之夫封建之制度欲壓倒平民者也而反爲解散之貴族之權力欲鉗制平民者也而反爲破碎之新郁施邱亞兒德米兒曰政治的革命精神革命之結果也法國之革命由精神革命而成平民主義之完全遂毀滅貴族僧侶王黨無精神之形骸其震動之餘響傳于全歐羅巴而十九世紀平民的社會竟出現

平民的社會如何社會也曰平民的社會各人皆以自己之力生存競爭之社會也平民的社會能拆毀梯子使上層主人公箇箇滾下與平民對立之社會也平民的社會以天則及道德爲基礎之社會也

吾人于物質進步之弊殖產社會之不平均冷嘲熱罵時而十九世紀平民之大勢忽然出現豈不令人爲之咋舌哉噫無容咋舌也物質的進步乃轟出平民主義之爆烈藥線也試問近世社會黨蔓布列國忽而同盟罷工忽而集會演說每年秘密出版之勞動雜誌數百萬冊抗貴族求平等自由之血淚數百萬斛非有昔日之壓

制安有今日之炸裂吾視十九世紀之末二十世紀之初純乎社會主義之世界矣試述一極小極病之亡國中有社會黨權力如是之大者

波蘭社會黨

波蘭故昔日堂堂雄邦也噫今亡國矣宰於俄割於德分甘於墺大利今則地圖上幾無顏色悲哉亡國也雖然其國民則不亡可愛哉波蘭國民之氣燄可敬哉波蘭國民之事業可憐可畏波蘭國民之境遇而於虎狼肩脅之下乃敢冒萬死而織組此社會主義以汗血抗强暴者歲以千萬計噫波蘭眞不亡也

波蘭之內俄德墺三國分之波蘭之權則是俄羅斯大皇帝陛下握之吁聖彼得背上生眼之偵探哈薩克臂上生翅之兵卒日日驅亡國領土之民如羊如牛以豢于不許自由不許獨立不許得權利之牢籠中稍有忤色飛快之鎗雪亮之刀應酬左右危哉危哉而波蘭之社會黨乃秘密大運動

（第一）用秘密出版之手段　千八百九十五年至九十九年凡社會黨由國內秘密出版之雜誌十八萬四千餘册由英國倫敦刷印輸者入十二萬三千餘冊此

僅爲極秘密者言之。若普通者則千八百九十五年至九十九年。國內印刷者七萬六千一百七十五冊。外國輸入者五萬三千六百六十四冊。由此觀之則社會黨之氣燄焉得不令我驚駭哉

（第二）用秘密行軍之手段　以每年五月一日。爲愛國犧牲者之紀念日國民同盟罷工組合行軍於市及志士墓塲且演且走雖警察兵卒屢解散之而彼則軍旅飃忽戰歌洪亮儼若不見焉波蘭國民嘗自言曰吾等藉此以喚起革命精神了」

（第三）用同盟罷工之手段　此爲其平和手段屢以同盟罷工要求資本家人數每以十萬計。凡百八十六回。勝者百二十七次。敗者五十九次。罷工之事小則以警官。大則以哈薩克兵壓制之。噫。其勢可嘉哉此氣可嘉哉

以三樣之辦法。其第一則尤注意于農民當時政府甚驚駭之。特出雜誌一種以警農民。然社會黨之遊說依然也。第二則波蘭所住爲猶太人多。以故同病相憐而折衷此主義猶甚。當時猶太人曾以已之語言著成雜誌萬餘種而另組織一猶太人社會黨。夫波蘭人之逸出海外者頗多。以本國社會黨之起發而遂于外國組織一

團體以作靈警機關噫波蘭亡國了而平民社會勢力如是其他各國可見矣其社會黨組織之制度美備自有專書不暇細述焉

政界上的平民主義

實現平民勢力之機關者國會也制限君主專制之準繩者憲法也憲法之成立始于英繼于美而是時適法國之革命起于是憲法遂乃結胎國民會議之力漸乃膨脹古來之制度掃除乃盡專制之君主其膽寒全歐之國民其血熱噫『不得憲法不休』十九世紀平民之警語也

立憲政治之普及於十九世紀爲特有之現象世界諸邦至十九世紀共舉立憲之制凡古來立憲政體推英至十九世紀乃達極點立憲政體之極點何曰全然平民之勝利是也政府之主權全歸于平民之手是也吾視千八百三十二年英國改革國會條例國會改革條例之眞相乃革命也而英國政治史之最顯著者是亦革命而已矣

法國革命之反動

政治的自由社會的平等平民主義之發現十九世紀法國革命絕大之影響也然由此一震動於全歐恰生出一種反動力其反動力爲何乃民族的帝國主義也十八世紀之末全歐與法國旣同情以取改革之方針然自王政顚蹶革命火之蔓延山岳黨以過激之暴亂開十九世紀恐怖政期之幕不特各國政府恨之而世界平民亦爲齒冷於是含忍久之遂造一種反動力即二十世紀中人人呼之爲民族的帝國主義書也

民族的帝國主義之眞意

民族的帝國主義二十世紀含歐洲之兒童婦女都採之爲應對語而二十世紀之歐洲亦無不用此手段以亡人國以衛己種始用於英於德於美而至今日則全世界均竊取之噫非此旣不得爲立國之法然問其主義何是而始要是十九世紀法國革命之反動力〇胎而生

民族的帝國主義者平和的膨脹主義也民族的帝國主義以軍事以教育以生產殖民爲根據者也而要之中皆含有排外性侵略性皆以平和手段滅人而利己焉

希望時代

十八世紀之革命養成世界國民高尙之性質發達世界國民偉大之思想如航海家勘出航路如殖民家覓得陸地日進一日遂生出不可思議之美境吾徵之于過去吾察之於將來十九世紀者眞希望時代也如劇場如競賣十九世紀爲初發鑼鼓時欲視袍笏登場請諸君上二十世紀之新舞臺

（未完）

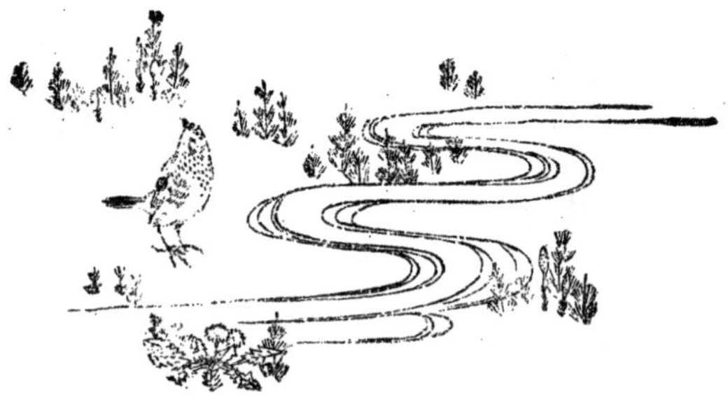

傳記

中國愛國者鄭成功傳（續第五期）

匪石

第五節　思明州之經畫

嗚呼吾不忍忘思明州吾懷之一念一嘔血一望一揮涕明兮明兮奈若何

思明州有悲風慘雨之歷史有龍騰虎拏之事業有覆載英雄永作屏障之功勳有喋血洗鐵乘風弄潮之大紀念思明州存則英雄存思明州亡則英雄亡吾徧繙吾祖國四千年史而求得思明州之配偶則如巴蜀之於沛季西川之於劉玄德然則思明州何廈門也廈門何以名思明曰昔者鄭成功既得廈門愴懷宗國潸焉出涕江山雖好夕陽奈何廼肇錫以嘉名曰思明州

雖然思明州當時有盤踞坐鎮之二大惡魔而爲思明州山海神靈之玷者曰鄭彩曰鄭聯彩專魯監國之柄殺熊汝霖殺鄭遵儉殺錢肅樂遂據廈門與聯結納飲廈

門之酒色厦門之色忘卻厦門一衣帶水外尚有惡慘腥羶之天地

永曆四年八月鄭芝鵬至自潮陽說成功曰吾起兵海上不得一尺寸土以作根據。不可以守厦門二鄭方耽酒樂盡圖之施琅曰聯酒色之子也吾以船四艘出鼓浪嶼彼必不疑我又以僞裝商船直赴厦門乘機進取時不可失雖然成功者義人也、善人也成功以與聯爲義兄弟吾取之爲不仁鄭芝莞曰我不取則人取之曷若我取之獨不聞唐太宗取建成元吉事乎遂決議。

涼秋八月夜明如晝隱隱見城東一角萬石巖高出雲表燈火數點有客獨酌一壺既醉昨魂未醒而是夜神龍天矯之鄭成功已率甘輝施琅洪政杜煇四將軍至於巖下聯乘酒出見成功曰願假我一軍聯曰可哉雖然公來何暮願酌公以壯行色成功飲聯亦飲已而成功辭歸又抬飲聯于虎坑巖歸途刺客卒發函其首以投于不速客之幕下於是聯部將陳奉、藍衍、吳豪皆來歸

狠去矣狽若何而鄭彩之部將楊朝棟、王勝、楊權、蔡新等已率全隊之水師來降于成功之軍門成功乃使洪政抬彩至彩曰吾年老氣衰觀諸子弟能有爲者大木而

已。（大木成功字）吾願以全師付成功。成功歡迎之。於時閩安、銅山、南澳諸島。皆約束聽命。遂以輔明侯林察爲左軍。以閩安侯周瑞爲右軍。以定西侯張名振爲前軍。平彝侯周鶴芝爲後軍。而自將中軍爲元帥。擁兵四萬。戰艦一百餘艘。軍聲隆々。鵲起清廷。無內外大小文武官。廼皆注眼于鄭成功

明年成功回南澳。使將留守廈門。忽偵騎飛報于鄭芝莞之麾下曰。已偵清福建巡撫姚學聖與黃澍等。乘主帥南發。將乘間來取廈門。已命總兵官馬得功。統轄騎卒自五通來渡吾水師。鎮阮引不戰而潰。敵且至。將軍將何圖。芝莞急不知所出。席珍寶棄城。欲遁島中。鼎沸。而是時有纖纖柔弱之一女子。聞鄭將軍已下船。急懷明太廟及鄭氏宗廟主。飛奔于將軍之艙。芝莞欲移之于他船。女子不應。芝莞固請。終不應。此刹那間。島中惡濤洶洶。鼓聲雜作。但見清將以五百騎。往來于彼岸人叢中。或割首。或呼渡。波濤盡處。五道山屹如神立。山上龍纛旂下。二將指天畫地。頻頻望海卻步。此何時。此何人。乃敵帥姚學聖黃澍。謀渡不渡。且進且卻之時也。

已而鄭鴻達以鎮將揚抒素吳渤至。施琅星陳勳以鄭文星以水師至。圍清將得功。

於海上。得功進不能勝。退不得援。乃以書報鴻達曰。「昔得功以微身隸屬於將軍。時日間隔。今廼以兵戎相見。得功死此。亦固其所。雖然。舊恩不可忘也。得功今死。此島中人民。其能大安乎。且將軍妻子皆在安平。將軍殺得功。吾主帥姚黃二將軍。必殺將軍家。得功爲將軍計。亦復不値。將軍其有意乎。鴻達心動。廼私以漁船數艘資得功以遁。」

而其時往來厦門南澳間之主人公。乃始以四月五日自南澳回。距馬得功遁歸已五月。聞鴻達縱敵事。則大憤。使鎭將趣鴻達毋入署。遂整軍律。改鎭守督民夫造砲臺五座。以別將鄭擊柱守之。十日成功大會文武官。議厦門諸將之功罪。殿設隆武帝御座。成功自拜之。又命大小文武將吏徧拜之。既拜。廼出隆武帝所賜劍。斬芝莞于軍門。而諭曰。

嗚呼。我三軍其肅聽。自思帝棄社稷。我明室已亡二君矣。永曆蒙塵海南。訊問又不時達。吾以國族故。故與我三軍同心戮力。以爭此一尺寸土也。今芝莞喪師失律。幾失要地。天不亡我。援師遂達。雖然。不敢私也。芝莞者吾之從叔父。而國之仇

也吾私之吾不啻亦爲國仇其何以謝三軍哉故已命將斬訖嗚呼我三軍進行時有後敵者吾誓以先帝所賜劍以加於亡我漢族者之頸

於時鴻達已移師金門聞成功斬芝莞大感動乃盡以將士還成功築亭白沙植花木娛笙歌成功乃擢其將萬禮陳朝爲將軍命洪旭守廈門族兄泰守金門叔芝豹及施天福守同安張進守銅山陳霸守南澳閩海波濤一擲十丈洶洶有氣吞中原之奇觀

第六節　漳州海澄之二大戰

惡濤洶洶急戰雲洶洶催漳泉二州之間乃爲清鄭血戰之中心地永曆四年成功益整軍備五月敗清將王邦俊八月敗清提督楊名高遂略漳泉右州縣降其將楊世德陳堯策明年又敗清將陳錦于長泰錦死之未幾乃有漳州之戰

漳州之戰何自永曆六年四月迄九月用兵凡三百六十餘日舍兵十數萬舍船數千漳民餓死者十之三路斃者十之七亂後遺骸之大穴三總數七十三萬有奇爺娘父子一堆草落日寒流幾戰場萬刼不滅國魂其歸吾舌尙存爲述戰史

成功志必欲得漳州。急圍之。淸將馬逢來援。甘輝告成功曰。今若與淸將野戰。吾傷必多。不如困之於漳城。乃讓自萬松關至障城龍江一帶路誘之。已而馬以騎千步三千至。鄭軍不與戰。夜則喊聲四起。馬軍數數眠起。詰朝甘輝逆馬軍。馬軍疲。又以漳路阻隔。遂入州城。而鄭軍自後追之。馬入城數日。忽突襲成功營。成功自四面要之。馬敗。守將王邦俊出助戰。亦敗。當是時。城援已絕。鄭軍晝夜攻之。尙未下。而福建巡撫宜永貴遽以船二百襲厦門。成功命陳輝防之於崇武。勝之。

而是時。忽忽已仲秋八月。沿漳城河岸以下。血流淵湃。上與苦霖相衝擊。絕似一幅血雨圖。圖內見城一角。距玆三十里。有寨如豆。有人如粒。或連木。或疊石。或沈船。東則塞。南則崩。上如欹。下如傾。沿溪橫流。四決。土石雜下。細碎不可辨。吾模擬其境。殆鄭氏方以八月灌漳州城。歷一月工未竣。而偵者來告。聞淸固山金礪將會新總督劉淸泰來援。成功廼使周全斌迎戰。一面盡力攻漳城。已而全斌敗。成功乃解圍去。而自退于厦門。

漳州之戰旣終。海澄之戰方始。金固山旣解漳州圍。欲一氣盡吞中國南部國民之末薙髮未清衣冠者。乃以永曆七年四月。進兵海澄。使劉清泰以水師出福興二港。爲夾攻計。成功偵知之。使林察周瑞往海壇迎戰。中途遭颶風。察舟誤入興化港死焉。而成功適諜得金固山將以二十八日以全師進營祖山頭。遂以五月一日自率大隊至海澄。使王秀奇郝文興陳堯策守鎭遠寨。甘輝黃廷守關帝廟。而自築觀戰台於天姬宮。越三日。清軍數萬至。營于天姬宮之前。火砲數百門。旦夕向成功營突發。木柵頻壞頻立。五日後。勁鎭陳魁後衝鎭葉章。自砲煙突出奮戰。章死之。魁傷于矢。甘輝急開寨奪魁回。而以楊正代統其鎭。

是役也。當劇戰之中心。而爲清鄭勝敗之界綫者。則以五月八日。是日金固山自督兵來攻。望見天姬宮旌旗之下。一將指揮左右。火石併發。彈綫益益逼近。或勸成功下。成切曰。天乎。余誓不爲大明避一尺寸土。甘輝見事急。翼成功下。而砲已及碎台級數層。金固山則又力攻鎭遠寨。方是時。鄭軍岌岌如累卵。

夜盡天旦。砲聲忽作。火龍數萬。倏奔于金固山之軍門。馬失其蹄。寨掩其幟。纓辮激摶。上騰無際。而蘇茂甘輝已大闢寨門。突以大軍攀緣龍尾而上。與清軍格鬭于彈林硝雨之裏據歷史家言是時金固山方薄攻海澄城。成功使郝文王秀奇周瑞等應之戰正酣。地道砲火齊發。於是金固山且戰且退。而回兵於漳州。方是時清順治帝已入關十年。四海大定。莫不奴服。嗚呼。我試以比例術求之。清以滿洲及中國全部之兵力盡注于閩南之一隅土地得比例若干人民得比例若干謀士猛將得比例若干兵馬舟艦糧食得比例若干而鄭氏果以何主義何氣力乃敢來前數挑戰嗟乎哉故宮何處忍堙滅於荆駝國魂尙存誓殉生于鐵血而成功亦於時援桴鼓。饗軍士。以歸于廈門之故營。

（未完）

文學

中國音樂改良說

此篇例入樂學以本誌無此專目故欄入于此體例外謬閱者諒之

匪戶

我今且發一問凡兒生墮世即發一二種開合音此開合音發達甚速三日殊響一月成聲例各動物驟高十倍耳入速率如是如是爾時先民有作導開文明發揚大慧段借衆音以號器物或病隔閡以限尺咫則又畫製橫直自左自右或離或合別音寄之是謂文字文字者耳眼過渡時間之導人也故豎古今橫東西凡製字必從聲聲之源曰字母其數以地殊或二十六或四十九或增或減最備者曰梵音鳥獸昆蟲風雨雷霆諸凡有聲之屬莫不變換曲肖鄭志謂梵字一切從聞入是也西方則遜之凡音高下淸濁已未盡得神似然分合諸母以支配各分子一生二二生三乃至於不可量能利用其聲音者也獨中國始制文字不以發音爲符號製字發音二者分別發達二二比附四聲以成求其神肖抑不可得夫通世之鄧曰口眼耳三

官不一系天籟不可得而聞已乃曰余拊琴戞石天神降地祇升則何以故如是我聞音樂開幕之期莫如吾祖國先昔者伏羲作瑟作琴堯作磬舜作簫其寄於樂黃帝曰雲門大卷堯曰大咸舜曰大韶禹曰大夏殷曰大護周曰大武寔爲六代之樂夫使我生今日撥除故籠掇拾二三名詞借影昭代髣髴泰平按之實際究亦何嘗試思放勳以降距周不過千年孔子已謂古樂失傳豈不以先代作樂無非揄揚盛德夸大功勳即在當日亦僅作之郊廟歌之朝堂奴臣婢妾以蹈以舞若曰將於是卜民族之興亡覘國統之隆替斯焉澌滅夫豈在是而況朝家代殊禮樂示不沿襲其必更易名號改竄樂章殆如慣例不可驟革若是者當時則榮易世即亡亦數焉不足怪也

雖然猶有一二取是者則以如前云云雖未能發揮國民之精神尙足以代表寡人之性質及行爲也子謂韶盡美謂武未盡善春秋時卿大夫宴饗之際必佐詩歌類能覘其終始据左史所傳無或爽焉孔子者音樂改良之大家也其言曰興於詩立于禮成于樂又曰詩可以興可以羣可以觀可以怨今所謂感情敎育也乃敍別貞

淫或删之或仍之於國風見分治于雅頌見統一東西國歌夫容多讓奈何一厄於子夏再厄於墨翟夫子夏傳詩僅得文義墨氏學說流衍其在戰國蓋與儒中分天下而論唱非樂自陷悲苦乃至秦楚爭擾魯歌不作魏晉代嬗鹿鳴僅存宣尼耰鋤之功至是盡毁嗚呼不其恫歟

詩之亡也庶人猶有餘慕荆卿易水之章項王垓下之奏音節悲促令不卒聽嗣玆者古詩十九章耳夫古樂既亡樂府代興紹述風雅是固無取然猶謂近似也唐時樂府失傳繼以絕句宋繼以詞元繼以曲調大抵世愈近則音益靡格益降有文無聲一也有聲無音二也有音而器不調三也古者樂官世守其職其或遭故蓋不自菲又皆執守一器之學或有精通博記者則必爲是官之長試觀魯太師摯以下諸人班班可知而在近世凡歌詩奏曲皆出自文人墨子藉玆遺懷無當大雅即不然亦類皆市井無賴之所爲嗚呼以如是人習如是學而求其宣揚國魂振刷末俗不待終毁夫我亦固已知之矣

以地別樂亦不自今日始昔者太史氏歲以時巡行各地而察其風俗辨其貞淫以

統一於邦畿而和合之惟以朝野殊等凡明堂所奏宗廟所用必出于皇王之什蓋君主專制若此其尊嚴也其後王家衰弱不能統御羣侯則各就自地特別發達國風十五斯爲明驗雖然禮樂出自諸侯十世希不失者施及戰國益復離析史所稱郢中之歌已與國風有異奈何風俗益降交通益寡地方語言益分崩離絕咿咿土歌靡靡時樂流派益益多歷運益益促今日樂曲之號稱稍古者迺推崑曲崑曲始於明嘉靖之歲逮今未遠而能者蓋寡而所謂京音所謂秦聲所謂徽曲風靡中土迭爲興廢鄙哉亡國之音也

故我敢下一斷語曰世人其不言樂苟有言則于古樂今樂二者皆無所取焉何以故以皆負絕大之缺點故

一其性質爲寡人的而非衆人的也世益進文明則衆人會合之事月不可計日亦不可計萃此離渙厥惟音樂故樂學界說當以和衆爲第一義吾國人性質則大反是親朋二三團首絮語吮然自足以爲大樂則字曰淸談若衆客雜聚披陳演解偶一廁足蹙眉以爲喧疾首以爲可厭其于樂也亦自寡人方面爲種々之發達而器

亦隨之如琴如瑟如管如簫皆足以悅少數人之耳而不滿於多數人之希望者也客有歌郢中者下里巴人和者數十若爲陽春白雪之曲和者不得一焉此以和寡爲曲高也伯牙善彈琴崚嶒如高山潺湲如流水彈曲未終喟然長嘆想望知音恨未得遇吾叩其懷若以人知爲大恥必極於世無知音而後自以爲得也雖然孟子有言獨樂樂與人樂樂孰樂與少樂樂與衆樂樂孰樂其終言曰與民同樂參觀問答蓋含有衆人會合之意味惟理涉政治於樂無取又以古樂俗樂爲別則自破除自障礙猶之不知樂也故樂也者所以彙合不齊而使倚託於一途也昔者東西大宗教家莫不由之唯佛與耶亦已明驗佛樂衰矣耶氏足跡所至必建會堂小或僅如田舍縱橫不十步然戶內樂座雜列每說教時歌彈間作聽者其心如宵向所懷慮至是盡釋皈依頂禮莫敢或畔何哉其聲有消化萬有之力又以起參會者之感情也故今日言音樂改良首當注重斯義

一無進取之精神而流于卑靡也夫音樂與國民之性質有直接之關係其肇音也卑其作氣也必餒古樂雖不可得聞然模擬其聲歌彷彿其衣冠笑貌或以高尙或

以慷慨或以和平或以強鄙是數德者蓋有之矣若曰直取進行美盛圓滿則吾未斯之能信也雖然猶有此數德也今日適於我國民之嗜好者更復何等昔嘗品隲時樂評崑曲之辭曰崑曲如野花如山人人因之以弱國因之以衰然猶不失爲潔也評北曲之辭曰北曲如泥醉如夢囈頑人之寫照也評秦聲之辭曰凡樂有七音秦得其一非正也其爲哀也傷其爲樂也淫心如促耳如窄則純乎亡國之音矣評諸雜曲之辭曰此婢妾之聲也胡爲乎來嗟乎國民其口其聲而乃若此其學爲奴隸也歟原夫聖人作樂所以一國民之感情而已而又隨其修養程度之高下以爲嗜好厚薄之差異樂記所列琴瑟鐘鼓之効萬莫逃之世有知者移其植果於德敎吾知獲效必矣而顧使市井鄙夫恣爲播弄以斲喪我民良滅絕我種性嗚呼此非俳優之罪而實今日言教育者之罪也

一不能利用器械之力也器械力有未至雖以智巧之士又益以時日而所費勞力與所用時間常與器械力爲反比例故欲一般普及轉呈大難吾國絲竹之節蓋甚單簡非技術熟習者不能用也反之西樂樂器皆自學理上倍徵其利用操縱離合

無不如志康熙時西樂流入于中國嘗採其五綫音譜以符合于吾國樂器音節頓合忽增美備昔釋氏爲衆生說法鐃鼓方作一時十方菩薩皆來臨會吾國亦有百獸率舞鳳凰來儀之說樂之感人如此其深切著明也（今釋經所傳咒語度爲釋氏樂譜釋氏傳其音吾國傳其義故吾樂亡釋樂不亡若今佛者演習咒語不能冥契神合則以佛者口語已異梵音又精神不足以貫徹也）故使聖人作制定樂律上則求之帝釋其次亦當博採東西樂經以爲中樂革新之先導而不然者僨矣一由於無學理也樂爲六藝之一其所建築必以學理爲基礎吾國樂譜其在古昔未嘗不特別發達別以五聲序以十二律疊積音字以作音節又重積之以爲音曲故秩然可尋也奈沿流昧源譜曲盡佚今樂之以譜名者厥惟絃琴然奧深難喻習者蓋寡班志樂律二書足徵是矣而理與器違非適於用自餘各器無所謂曲譜者矣且我國又以師傳爲貴者也孔子大聖猶師師襄鄙夫略得毫末詡然自夸不以人告又不欲筆之於書故舊樂日益消滅而新作亦復絕響負茲二愆無惑乎日底於浮薄佻達之域也故能佔學理上之優等者要惟泰西之樂樂不一曲曲不一譜

其始也能因其終也能悟故將來有研究音樂普及問題者首宜注意于是而盡洗嚮者師匠秘傳之錮習或一當耳

然則今日所欲言音樂改良蓋爲至重至複之大問題詩亡以降大雅不作古樂之不可驟復殆出於無可如何而所謂今樂則又卑隘淫靡若此不有廢者誰能與之而好古之子猶戚戚以復古爲念雖然吾向言之矣古樂者其性質爲朝樂的而非國樂的者也其取精不弘其致用不廣凡民與之無感情何以知其然也魏文侯謂子夏曰吾端冕以聽古樂則惟恐臥其不能發人美感明矣且我非敢謂必盡棄舊樂也雖然徇其名而失其實於我亦惡乎取抑我又有一碻例焉則日本今日是也維新之前所用樂器若琴笛琵琶胡弓三味綫之屬類皆出自中土明治改革盛行西樂自師範學校以下莫不兼習樂學未聞有妨于國民也而今日猶日以音樂普及爲言嗟我國民若之何其勿念也

故吾對于音樂改良問題而不得不出一改弦更張之辭則曰西樂哉西樂哉西樂之爲用也常能鼓吹國民進取之思想而又造國民合同一致之志意其大別二曰

雅樂則學校及家庭之所用也日軍樂則軍隊及種種進行時之所用也日本則軍樂兼及於學校慶應塾者學校之原動力也校中起居坐止皆以軍樂盛之至矣故吾人今日尤當以音樂敎育爲第一義一設立音樂學校二以音樂爲普通敎背之一科目三立公衆音樂會其四則家庭音樂敎育是也吾國家政之衰至今而極乃至父子相仇兄弟相鬩妻子相怨盖古說主嚴謂家政如國政而其敝乃如此積壓之極遂生潰亂甚或投身于淫佚不潔之地以戕其生以破其家以妨其社會究其原始則皆以家庭無音樂敎育故也嗚呼入其國過其都市絃歌之聲闃焉不聞但見靑樓丹楹管弦雜列冶郎遊女嘈雜笑謔若之何其不淫且佚也

夫我非能知音者也顧以爲不言敎育則已苟言之其必以感情敎育爲上乘盖感情者使人自入于至情之範圍而未嘗或叛者也夫論事不外情理二者泰東西立國之大別則泰東以理泰西以情以理者防之而不終勝故中國數千年來顏曾思孟周張程朱諸學子日以仁義道德之說鼓動社會而終不行而其禍且横于洪水猛獸非理之爲害也其極乃至是也以情者愛之而有餘慕而又制之以禮則所謂

人道問題所謂天國所謂極樂世界皆互詰而無終始至情無極天地無極吾教育亦無極嗟我國民可以興矣

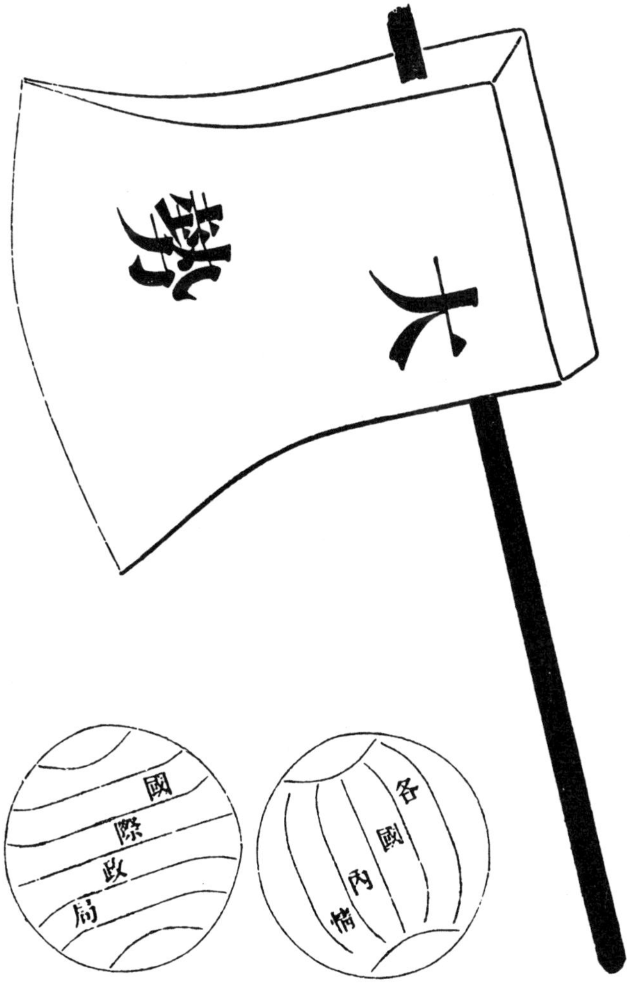

大势
国际政局
各国内情

江蘇第四期目錄

癸卯六月朔日發行

零售每冊（大洋）二角五分
半年六冊 一元三角
全年十二冊 二元五角

圖書◉爲民族流血史公可法像○中國鄭成功大破清兵圖

社說◉中國民族之過去及未來（續第三期）○革命其可免乎

學說（八門十篇）

政治◉自治制釋義○立憲駁義

教育◉教育通論（續第三期）

哲理◉哲學概論（續第三期）

科學◉動物分科覽一表（續第三期）

歷史◉荷蘭獨立史（續第三期）○露西亞虛無黨

傳記◉鄭成功傳

衛生◉衛生學概論（續第三期）

實業◉銀行述略

小說

傳奇體◉捕革命

章回體◉明日之戰爭

記言

文苑◉梅花嶺弔史閣部文○逐滿歌○斬妖

說苑◉不敢忘錄 史閣部遺書五首○顧亭林軼詩二首○揚州十日記
魔○今懷

記事

本省時評◉異哉上海有所謂愛國會社者○封禁蘇報館之反動力○狡哉新聞報險哉新聞報○女賭與女學

內國時評◉咄！滿洲人捕拿革命黨○廣西雲南之革命軍○袁世凱之無能○頤和園被刼○留學生與新黨之價值

外國時評◉旅順會議之結果○德使要救俄人虐殺猶太人

留學界◉特派員還東○江蘇同鄉會最近記事二則 卒業諸君送別會 烏目山僧招待會

雜錄

學界紀聞◉殷次伊傳

女學文叢◉論中國女子之前途○敢告我同胞姊妹○戀家鄉者無遠志○男女平權說

調查錄

總發行所 日本東京駿河臺鈴木町十八番地中國留學生會館內 江蘇同鄉會出版部

各國內情

海上之美國

弢生

是篇乃美國（北美評論）新聞所載美國海軍大佐忽菩宋氏之所著也。氏于美西之戰。古巴之役。勇冠一世。為美人所敬。是篇論美國將來于海上之勢力。備述美國必占霸權于太平洋。議論周密。眼力遠卓。所言悉中肯綮。特譯之以為吾國民告。

譯者謹誌

二十世紀中有雄飛于世界而為人類將來運命之大關係者有二國焉。曰俄國之隆興及美國之發達是也。二國皆具有偉大國民勢力之元質。為歷史上所僅有者。方之羅馬英吉利二大帝國且遠勝之。蓋將來軍事的帝國之俄國必遠超已往羅馬帝國之上。而未來海上勢力之美國又必大于今日之英帝國也。俄非本論所及。姑置之。請專言美。

美國國民的勢力之最要元質曰人口之數。人民之活力。及天然之富。是三者皆廻

大勢

非世界各國所企及不寧惟是海岸線之適宜利益之關係國民之主義蓋亦均達出于他國萬萬也可愛哉美國

美國之人口一倍于德二倍于英之白人種三倍于法其增殖之速力則二倍于德三倍于英又他之歐洲各國然他國則已憂人滿而美則尚有可容今日人口之十四五倍之土地焉其國之富力足養今日全球之人口其交通之進步日吸取歐洲各國强大之人民以增殖其進步可愛哉美國

普通之美人其體力四五倍于普通之歐洲人其身之高較之歐洲首屈一指之英人尙高一英寸其食物滋養物之多二倍于英美人一人教育之費二倍半于英德普通美國之農民一人所出之產物三倍于英四倍于法五倍于德而其製造品亦然普通美民一日之器械力越二千噸英人則千五百噸法德人九百噸他之歐民平均九百噸耳可愛哉美國

偉哉美國民其體力智力之優于他國尙未足爲美民譽也其道德之高超亦遠非他國所及不見世界團體之基督教青年會會員乎仗義急公者十餘万人矣世界

各地有大災雖首發救助倜濟者非美國乎當美之圍墾家國市也市人乏食者羸餓死而指稇濟之者非亦美國之國民乎喪其數多之血失其鉅萬之財而仍與古巴獨立者非美國其誰乎吾意不數十年凡息于自由之大陸而爲自由生活之美民者必以其智力體力以布其事業于世界各種種方面矣此我敢豫言者也

昔者南北之戰龍驤虎躍勇猛威武爲世界所無可類比者則美人也當時美之陸軍僅萬六千人耳及戰事起增加日速遂至成極大之勢力其兩軍馳驅之地面之廣大戰鬥之劇烈古今罕有其匹而其戰死之數較之世人所稱最劇烈之拿破侖及富來特大王大戰三倍若五倍焉蓋南北之役大小五百餘戰其中百二十五次實較普法之戰爲烈其陸軍則如此

就海軍而言則美國海軍之勢亦有出人意表者千八百十二年英美海戰之際英之海軍七倍于美且英以海軍破歐洲之敵計二百餘次自柰耳生大破拿破侖以來英人以海軍雄于天下所向無敵然一與美遇則鏖戰十有八次美艦勝者得十五英人之死傷實六倍于美

大勢

美西之戰。美之海軍。于太平大西兩洋占空前絕後之勝利于瑪尼拉以巡洋艦敵巡洋艦于聖加哥以鉄甲敵鉄甲美人不折一艦而敵則全軍覆沒世界各國之海軍中而未曾受錯敗者唯美而已其海軍則又如彼

則請言其土地。美自太平洋至大西洋溫帶中廣大無限。包無窮之富。占世界鑛物三分之一。寶藏于地。其田畝之肥饒。水道之交便。畜牧之茂繁。工業之發達。實占世上獨一之勢力。天然人事兩占高等

雖然美國之偉大世界的勢力非藉海上之勢力則無由發揮之盖美對于世界各强隔絕大海洋均有關係故美之國際地位實於海上之勢力覘之

美之海岸線。延長萬七千英里。其沿海及與海交通之大河沿岸之都會。數多于全歐之沿岸。財產之富。亦有過之。夫是等都會非以絕大勢力保護之則易爲外國艦隊所襲擊最可危也救危唯何則海軍是已且又獨沿海都會爲然即內部亦非孚海軍之保護不可何則海口者內地之喉道也海口不安則內部之運用以僵故美國之活動與其安全不可全賴絕大之海軍盖美自工商發達以來招妒殊甚沿

海都會時伏危機而欲抵拒此大勢以圖百年之安甯則必以建世界第一海軍爲第一要着不寧唯是美國海上及河湖各方面幾十百億無量數之財產出口之數年達十五億以上之事業亦非賴海軍不安而或世界强國有大戰事設美海軍力不强則不足以全中立之利權而海上財產亦終不全保奈之何舍海軍其勿由故美以船舶輸出口之財產年額十五億以上以他國視之不可謂不鉅然于美實不過花之初萠泉之始湧耳今後內地產業日益發達出口之數日增月益海上之利益前途實不可限量雖以現時之美而言其所產之食品占世界三分之一鑛產之數亦如之世界衣料布匹縉纊之數占十之八焉則其將來之可驚可駭之勢恐非今日所能逆料也且美善用機械之力合全歐之數比之尙遠不及年產百二十五億弗之製造品而其增加尙滋滋日甚盖其速力倍于歐洲諸國矣故于此乃得一爲曰市塲問題是也

夫以他强市塲而可爲美國產物互市之地者亦多矣惟各國均抱一排外之見其于美人則拒之故美人不得不自求新地然因求生爭較之爭城奪地殆爲尤甚故

大勢

美無絕大海軍之力則不能駕于他國而市地終不可得此亦爲美國不可不建世界的海軍之原因

新市場之問題今日國民的活動之大問題也關此問題則以不得不就支那言之支那地廣人衆物產豐茂交通便利實天府之國也昔嘗實地研究支那人之產業的能力殆不劣于美惟材質愚蠢未能發揮其能力一日平均之數僅得六仙令之賃金邇來風雲日急世界强國俱集其目光于東方大陸而與之刺擊而與之感動度必能催其進行者矣設果發達將來據有數百兆之人口其生產力必急增至十倍廿倍而誰能遏之

誰然支那者一無人之空市場也美人之于支那其與他國當有均等之權利而美獨處于歐洲與極東之間其太平洋岸墨西哥灣米西比河之沿岸地峽運河均與支那相對故雖無特權而收取之殆較他國爲易

支那者又列國進取政策之戰場也支那無排斥列强禦侮自振之實行故不得不空其室而迎之昔者歐洲列强嘗爭未開之美洲經幾多之鏖戰奪怠惰愚鈍無知

覺之印度人而流血猶不知凡幾矧乃不盡富源世界寶庫神明甲胄又著名善于產業之支那人之支那而設注其全力不惜血肉以相搏吾恐戰事既開將不亟于西印度之役矣爭之攘之無疑也夫憑一帋虛約而欲維持以保均平之通商權于支那是欺人之談也故一日有强者出强肆其分割支那之政略則條約亦爲空文于是時乎美國欲以均平之權利得通商之利益亦非遂行强硬之政策不可而欲遂之則不可無極大之海軍力于極東是又爲美國建立世界的海軍之一原因

南美洲之市塲亦殆與支那彷彿不特于現在爲重又遠及之于將來而欲于是等市塲保其利益之安全亦必曰海軍也故美之海外利益曰趨膨脹若以保護物質上之利益爲目的則美之海軍已當合今日世界所有之海軍力而後足况吾之所謂建世界的海軍非特保護物質上之利益已也有非是則不得行其大主義焉何以故

孟魯主義者（參觀本報孟魯主義篇）美國國民不可一日暫忘之大主義也美之距南美洲與歐洲列强異故列强爭商業利益于南美一日事機激烈則美國所

遺軍艦非多于列强之全數不可而今者孟魯主義日益澎湃踰大平洋而東靡利賓群島已捲入此潮流之窩中而曰海軍不强是悪乎可

豈特是而已又當傾美國民之全力以擴充之今白人之于黃黑種人也幾取其三倍而奴之隸之矣美人于此等之事焉可不大揮其勢力夫使美人今日目覩歐洲君主國及專制國種種之行爲未敢仗義正言盖因私有利已毋亦怯懦雖然國民有國民之天職盡其力之所及于世界之大義務不可忘也夫美之國民純然自由國民也歐洲之人民或制人者或爲人制者盖其國家的活動常存征服與壓制之義惟美則反是不制人亦不受人壓制善哉美國極樂世界不是過矣

美之初立國也人口僅及千万自蒙歐人侵略之危險時尙以孟魯主義對于南北美洲負極大之責任而今者美之人口駸駸及于八千万富力既足威勢既熾外國侵伐之憂既已杜絕于此時實施其實際政治而擴充其孟魯主義于支那誰曰過言惟美國民有拒瓜分支那之權利今美國民對于歐洲國民而爲言曰吾願與諸君提攜啓發支那之偉業又輸之以文明使自由空氣流入于其帝國此非僅爲支

那计也又世界人类计也呜呼美人之为此言夫岂如英人之于印度之于南亚乘时以征服之乎而为此则固望如昔日自美国启发之日本

故美国欲扩充其孟普主义不可不坚守其亚美利加主义亚美利加主义维何曰欲使世界各国皆为自由国一如亚美利加也夫以美之势力以拯救数百兆久受白人压制沈沈于黑暗地狱之黄黑人种而使白人尽改其对待劣等人种之态度以增其生产与其商业而共跻于文明之域是实美人之大主义大责任而又为美人伟大之事业也已

是以欧洲国民与美国国民较欧洲国民的生活以军事主义为根蒂故其国民皆为军事的国民美国则以共乐为基础故其国民皆为平和的国民而欲自平和之方面以谋种种之保全则又不可不以他国之利益一如自国利益为主义虽然欲行此大主义乎又不可不以强暴之势力行之势力云何则世界的海军是也

故美人欲扩充其孟鲁主义于支那曰维海军欲行其自由主义平和主义人类同胞主义于实际各方面曰维海军此大主义也此大任务也而欲行之曰维海军

大勢

抑今日歐洲列國何勢乎國與國相制同盟與同盟相牽掣於此時美以絕大之海軍而支配世界之政治以一決平和戰爭之兩大問題夫亦得如其意故以美國有此海軍而向于人類之幸福以急進于世界平和之方面雖曰理想蓋亦有實際之能力焉若夫以海軍擴張爲反對于自由平和兩主義者淺夫之見我亦何責要而言之海軍者非所以破壞自由平和乃所以保護自由及平和也其性質與陸軍相反陸軍則驅多數國民於軍事而支配其國內政治海軍則不于國內而於世界其異點在是矣故美人今日當使國民共覺于國外勢力之强大而因而自負責任抑亦美人之道德也已

抑海軍擴張者與自由主義爲一致凡自由主義之國民必生活于商工之界而海軍則保護其業而又以促勵其活動故欲期自由主義之發達必先期海軍之發達今日美國海軍之位班在第四德雖稍劣于美而日議擴張增加數倍且不僅德國而已自餘列强莫不由之美人而不自奮則且爲最弱之海軍國求自保護亦已匪易而猥曰能實行其大主義耶

美國有提言建造海軍者乎請陳其略本年則以三千萬弗爲基礎由是歲增五百萬弗即一九〇三年支出之數爲三千五百萬弗一九〇四年爲四百萬弗以此遞進至一九一六年當爲一億弗若歐洲各國亦假定繼續之費一如前法則于一九二〇年雖與英國立于同等之地位然以列國亦增加其速力之故故不至于一九三〇年則美國不能爲最大之海軍國其年支出之費已及一億七千萬弗英德皆已退處列國知其然也故嘗于美國海軍未極强大之前以屢試其攻擊然則美國依于前述之速力而增加其海上之氣勢又適以促列强之忌而使有制止進步之傾向惟其然也則美國今日之急於擴張海軍意亦有所在矣

大勢

國際政局

英法之親交（續第五期）

盧中人

試翻身入英法二國界之中央而考其歷史其足以締結兩大之惡感情者亦多端矣結果惟何是不得不於近世史上兩國之關係一求之

第一　十八世紀間爲英法兩國衝突時代

第二　自拿坡戰戰後至第三共和政治成立爲英法兩國棄怨脩好時代

第三　自法國行外張政略時爲英法兩國再衝突時代

第一　十八世紀者英法兩國各力行武力的膨脹政略時期也英於十八世紀其對于外國之大戰爭凡七次而皆集注于比隣之法蘭西于印度于美洲于歐洲大陸所在衝突而其因則以兩國各傾其全力於領土侵略主義遂惹起國際的問題吾據其情雖非嘗如盲左氏所謂無滋他族云云而抑已有實偪處此與我爭土之

大勢

景象

其二　自拿坡侖戰後至第三共和政治成立爾時法蘭西王國政變又政變革命又革命全國民之思想力悉注於內政之舞臺昔日外張政略殆已如落花流水無人顧問而英國亦適以是時主張殖民地放任主義故無有與法國衝突之舉抑不僅此凡二力專注於一點常相擠而不能和設各向一方向以行凡外交之所注目武家之所進步各抱一理想的前途之希望知相親而不相敵也必矣當時英國政治家已移其視綫于我支那及近東皇皇焉懼弛其力而於法則遂行拿坡侖三世之外張政策較其事實蓋非集中的而爲例外的斯時也昔日互仇同敵之比鄰忽交手提携於政壇之上而戢戢如昆仲焉此一因也

夫乘拿坡侖戰後之餘勢而崛焉造立一種反動力以支配歐洲者則神聖同盟是也質言之即爲保守主義之同盟於時法國銳意復古卒賴俄普墺之國保守的勢力之保護而朝廷特以成立此神聖同盟所由來也雖然法國者自由之產鄉也自皇帝貴族以外莫不沐浴于自由之恩澤而求爲之見四顧徬徨惟英可親而反對

於神聖同盟之英國亦于時表同情焉上下相激遂迫爲革命之運動溯厥元始未嘗不導源于英人自由思想之先河而卒使全法自由派多數之黨人皆傾向于英倫而未嘗或叛焉此又一因也

雖然此猶就法國民之潛勢力言之耳千八百三十年法國大革命成煌煌乎自由王國之旗章出現于歐洲之西隅而猶有反抗之者則俄普墺三國之所爲也於是中分歐洲爲二大支其東支則俄普墺三國方固持保守主義以爲西軍之敵其西支則英法二國以自由主義之種子而大播之于全洲故自千八百三十年至千八百三十六年其間波瀾迭起儼然成一對立之勢至是英法常互相提攜日催諸國之自由運動則所謂白耳義問題所謂波蘭問題及千八百三十二年之東方問題皆足證明其事實者也

已而法王腓立有保守王位之顧慮漸漸離英而入于俄普墺三國之範圍蓋自千八百三十六年至千八百四十年英法親交之切綫勢若中絕然亦僅王黨則然而已其臣僚其人民莫不以回復自由爲希望故自格召內閣成立兩國合系斷而復

續自千八百四十三年至千八百四十五年間英女皇維多利亞訪法之沙德壽者凡二次千八百四十四年法王路易腓立亦親訪問於英廷頻年聘問史不絕書雖於千八百四十六年兩國以西班牙結昏問題意見不無矛盾而卒以千八百四十八年法國再革命起迴波旋瀾仍復舊觀常輯輯焉有唯我與爾之好象

英法既以國際上的關係得聯爲親密之友邦凡可以表見同情之事蓋非獨於儀式見之而猶有一切密之總因則政治同盟是也方千八百五十二年英國苦特他政府成立拿坡侖三世常傾向之是歲兩國於東方問題表好情焉克利米亞之役兩國同盟拒俄而英法和好之感情廼大著阿貝露者英之親王而皇之婿也以千八百五十四年九月來聘巴黎翌年四月法王拿坡侖及其王后來報英女皇及皇婿又返禮焉史述英皇聘法時法民數萬人嘗以至高度之熱心以驩迎皇皇慰勞有加禮英法二國聘問之典未有若此之盛者也因玆之故故於支那于土耳其于西利亞皆以政治之同盟爲一致之行動拿坡侖三世猶以爲未足乃於千八百六十年締結通商條約而親交廼益益圓滿雖然吾昔不云乎世界有最不可捉摸之

一物昔昔而異彩日日而殊觀者乃不曰國際政局乎蓋自歐洲之大怪物德相畢士麥出現而注眼歐洲大勢之歷史家於是時深深畫一界綫以爲舊時代已去新時代已來而英法二國亦以時帆隨湘轉以捲入于大波惡濤之中

其三　於十九世紀之百年間英法兩國國際上之關係凡三變其前二十五年承十八世紀衝突之餘波而尚未盡息者也其中五十年則爲政局調和時代而後此二十五年歐洲列强皆注意擴張軍備一時雪行雨施各以巨大之武力擁護其外張政策以行故英人之於殖民地也盡拋其昔日之放任主義而求達帝國主義之目的於是法人乘風而起厲兵秣馬着着前進其對于阿非利加對于亞西亞狂機頓發殆不可遏嗚呼殖民何說殖民云者移過多之人口以實於未開之土又以時擴張其主權焉耳彼法國者人口不可謂過多土地不可謂不足而亦乘風逐浪以行其膨脹政略於阿非利加無人行之鄉則何以故曰英人行之法人何必不行之法甚嫉英國力之日益膨脹乃以愛國與擴張領土之觀念盡注於國際上之一點而衝突於是焉生故以法人於十九世紀終期之所爲謂爲感情的政略亦無不可

法人既日伺英以尾其後英人又忌之也常謀所以破之阿非利加之役法所經營而布置之者亦已屢遭失敗雖然未足以制法也吾觀法領土擴張之速率與其幅帽廣狹之數法何遜於英人哉抑且大過之千八百七十五年英領在阿非利加者約二十四萬方英里法領約十六萬方英里及千九百年英領約二百七十一萬方英里而法領乃至三百八十萬方英里忽忽二十五年而二國領土之膨脹迺如此歐諺有辭曰白非洲其言其言大豈誑我然自其內部視之則固以壤土相接遂生葛藤例其軋轢殆較亞西亞之英俄猶突過之

二國猶以爲未厭乃羣移其武步于亞西亞洲而衝突又起法對于亞西亞及印度中國之經營常與英對于暹羅之政略相抗拒故于東京事件于拉翁司事件常釀成一種非常之惡感情而漫滋潛燃以及于全歐之政局昔日土耳其問題英人內連列邦外拒强俄其樂於爲此者蓋含有一種同洲之觀念所謂巧于對外乃善于對內者也苟其不然則英既立於法之反對地位而法亦惡得不假一二國以爲助法俄之同盟也蓋由是作故觀於英法于中國印度與埃及之交涉而大驚外交界

之劇烈乃如是乃如是抑于最近四半世紀中而爲英法二國衝突史之中心點者埃及問題是也方千八百七十五年埃及財政之紊亂殆已達於極點英法乘其衰弱而以干涉主義以恢張其治外權千八百七十九年英法聯合既成凡埃及之財政及行政諸務莫不自二國支配之埃及人以政權之外落也兩國官吏之行動非法也咸憤憤不平遂於八百八十二年以亞拉伯怕沙爲統領而大行排斥歐人之運動歐人之于他邦始則干涉其內政不受干涉則必亂亂則又以保護本邦人以再試其干涉而發送軍艦而佔守地方其政略蓋爲浸潤的而非爲急驟的吾中國近六十年亦已屢屢承受屢屢中計而日削月弱以至於今日埃及亦一中國也比亂二國以平亂爲名遣送軍艦於亞力山德利亞城方是時亞拉伯黨方盛殺基督教徒英人乃與法人約期以砲擊亞力山德利亞而法人不應轉掠薄雪特諸地英乃以獨力毀其城又與亞拉伯軍戰于推歐克勃爾又破之遂代理其內政法無所得焉嗚呼同盟軍之終也有如是矣位均則不相下勢敵則無與爲讓吾北方庚子之變八國聯軍來攻而

其實則有如八國自攻擊自勝負聊借吾北方作戰場焉耳法人于埃及事件既以離英取負向日潛布默行之勢力至是盡被排斥又未能即報之乃每每於英法領相接觸之地以嘗試其復讎之心

千八百九十八年由吉清納將軍與馬輿少佐皆以遠征相遇于弗秀特而英法衝突之事又作察其原因仍以埃及事件而起至是兩國之惡感情又大激發史家例法人憎英之熱度謂較之現今德人憎英爲尤高英人罵法人曰吾甚鄙法人彼愛國心之衰滅道德之頹喪軍人社會之腐敗未有如法人今日者則信爲亡國之徵也不觀於治來富事件乎法人亦反罵英人曰英人其老大矣其衰弱矣其於南阿無能爲矣吾是以與波亞表同情也雖然法人果鄰于亡國乎英人果老大而衰弱乎以此還問于二國民二國民亦均無證語惟以弗秀特事件既起英法二國之新聞家時時鋪張揚厲因而惹二國民交惡之感情東鄰殺牛西鄰責言謂之曰異聞歷史家無取之

暴風既過清音徐來治來富事件既濟南阿戰爭又終昔日國民之激情殆已歸於

泡影試編英法兩國軋轢史其末章必以阿非利加分割爲結題矣故自今以往英人之于帝國主義必有實行之一日要之必非爲侵略的而爲保守的也亦已斷斷無疑法亦猶英人也法今多數有力之新聞家論今日法國主要之目的曰吾法人今日但當回復歐洲之霸權自己得殖民地以外吾宜不復過問笛兒卡雪亦曰法國今後之殖民政略非在擴張而在結合也然則今後兩國之于殖民政略已決無衝突之舉則以十九世紀中葉兩國之親交謂爲外張主義中止之結果此亦所敢斷言者也

而猶或不然則必兩國向於商業問題而政略或亦中變然英法于商業之關係其衝突也少其依賴也多吾前言之矣今後彼等日進於商業政略專一時代惠而好我攜手同行此可於現勢卜之雖然英法者久久抗敵之比鄰也今而言和則固爲歐洲之福惡卒以是故而大惹他日如何之變動其禍果孰受之乃曰英法今已取保守政策矣無復遠略矣嗚呼愛者嗚呼愛者國際至幻政局至變其毋以此爲念不然吾甯勿言

（完）

大勢

廻瀾叢話

公猛

拿破侖之愛國

法帝拿破侖敗於魯國同盟軍圍巴離然帝之麾下尚有軍士數萬足支數月帝不忍以一身之故勞苦國民遂與同盟軍訂約議和自願退帝位被竄於地中海中之亞魯蒲孤島

帝於是以四月二十日召近衛諸將士於風台納布宮殿陳告別之辭曰

嗚呼我近衛諸將士朕今者將告永別於爾等矣回首二十年來嘗與爾等戮力爲爾等求榮光於世界爾將士亦能愼守士操始終如一雖至最後之戰尚能發揚蹈厲不渝所守

朕今者賴爾等之力我軍雖敗尚不易亡雖然若長此相持不下則茫茫血海何日澄清況乎靜察國內傑多伏莽一旦不愼外患尙未已內難又漸生我法蘭西前途尙可爲乎朕甚願捨朕一身以供國家之犧牲

朕去矣從此生死長別離朕之親屬朕之友朋願爲國家而努力法國之幸福朕此生唯一之期望也願爾等勿悲朕之運命天若假朕以殘年誓著一書記爾等之豐功偉烈以傳之百世今日之所以不死者尙有待以報國故也……朕之赤子善自愛朕欲抱爾等向表告別之意願爾等奉精神之軍旗以進

此言既畢將軍普且捧近衛聯隊之軍旗以進帝受旗與之接吻號泣之聲山崩鬼哭猛將勇士睹此慘澹風雲皆涕泣不敢仰視兵士皆請從然制限從兵不得過四百人拈鬮而後定焉

法將之厲辭

法國一士官受命守要害初被敵軍攻擊毀堡柵遂請命於大將曰『此處難以固守』大將正色厲聲而答曰『此非法蘭西語余所不解』

敢死士

一將官欲募敢死士十二人置諸絕地令下於全軍曰有願去者十二人即應報名來前全軍無一應者令三下仍闃然無聲將官怒曰「爾等豈不聞我言乎。何寂寂不作一聲也。」言未畢忽聞一人一呼而答曰「我等早已聞之然僅僅要此十二人何爲我等皆願去者也」

亞麗斯之毅烈

千七百六十年惠斯佗哈利戰爭時俠士亞麗斯爲斥候入森林中傍徨遂道間忽睹白刃閃擊將小胸腹又聞耳邊作細聲曰「張聲則無命」亞麗斯凝思此敵兵之來襲我軍者也即屏息極聲大呼曰「此處有敵」言未畢白刃已穿亞麗斯之胸矣亞麗斯犧牲一身以全全軍之生命

藉那及哈培盧之沈着

拿破侖帝攻智魯伴工兵築堡壘於鎗林彈雨中求有人堪爲書記者有少年名藉那者自列中進隨至壘坐砲壁上筆記其命令

談叢

筆記既終忽有流丸遂落於前砂土奮起撒滿純上且蒙少年之面少年神色不少動且戲曰『甚善甚善幸免取砂之勞』蓋當時習慣文字書畢撒乾砂於上使吃墨故共言如此。其舉止之靜鎭爲拿破侖所注目漸被重用後果爲名將。

法國名將哈培盧一日下令於士官使築堡壘以指指示其處忽其指中飛彈內墮地哈培盧不動聲色改換他指指之且告之曰『爾看彈丸如此之烈其速築堡壘。毋稍忽。』

臺密士羅孔之弘懷

俾路細亞王徐奢士起百萬之大軍攻希臘希臘列國相連合講防禦之策然臺麻奴之首長游離排多與亞達奴之首長臺密士羅孔意見各異互相爭論而游離排多性情偏僻且自恃其強固執己說不肯下

或日論事臺密士羅孔攻難游離排多游不堪其憤舉杖毆臺臺因思若從此增怒而相怨尤則二人之間生不和必破二國之同盟不爲所動唯正色和聲而言曰

『毆則任爾毆然不可不聽我說』

其言極高尙優美游爲釋然棄杖以聽臺說二人旣相連合二國之同盟以成希臘之同盟亦得救

法彪之信義

羅馬之名將法彪與格爾泰由之將漢尼巴戰互結交換生禽餘者擧金回贖之條約已相交換尙餘羅馬兵二百五十人於漢尼巴處法彪欲擧金回贖提議於元老院元老院諸議員設種種詖辭不肯出金回贖遂置此約於不理以謂手執兵器而不知用法畏首畏尾惟事生降之不武者假令交換而生還於國究有何用罵不絕口

法彪豪不正之譏尙可言也而身爲國之大將對敵食言且不忍使麾下兵士若敵之桎梏遂賣己之領土以所得直贖兵士而回

兵士等旣回本國欲將其所費贖金還法彪法彪辭不受且曰『余望爾等之返報者不在黃金惟在愛國心而已』

談叢

安披那達之忠藎

特布之名將安披那達勇於戰鬥屢奏奇勳然高樹多悲風不幸爲國人所嫉妬誣以反叛削名將籍征達哀利之役僅以一兵士從安披那達無不平之色甘於下位其時敵軍援兵大至更番搶戰而特布之軍少且將非其人士心散亂號令不行陣伍漸亂敗徵已現陣中有呼安披那達之名者聲漸高全軍皆應聲動天地乃求得安披那達於兵士之中公推使當全軍總督之任作一同盟共守「非勝則死」之主義

安披那達本熟鍊之名將嚴約束明號令壁壘一新旌旗生色如壯勇之神腋自安披那達之身中溢出而潤全軍之心如將敗之兵士得生兵之援助以之決戰敵兵失勢大敗特布之軍占全勝戰事既畢安披那達解印綬脫將服復入於兵士之列

◎本省之部

劉鐵雲欲賣浙江全省路礦乎

據海上日報。近聞劉鐵雲與義國商人沙鏢納君。往大連灣。與陸沙地君商議包攬浙江全省路礦之事。惟嚴衢二府不在其列

咄劉鐵雲何人義大利何國浙江路礦何物乃膽敢私以一紙書與外國人私相授受乎義大利之欲謀我浙江也久矣往歲要我三門灣大吏亦幾許之。（參看本誌第五期三門灣調查書）幸以中止然固未嘗一日忘浙江也浙之礦浙之髓而路浙之脈也髓竭則枯脈絕則死路礦既失雖有浙江猶無浙江也無浙江即無浙人居何住族何居子孫何所產養外人之謀人國也朝吸其精嵩夕得其膏焉奄奄待斃則土地自爲我有其子中國亦然唯我中國不肖孫子貪目前之末利忘百世之大害與訂礦約與訂路約日以萬金不可買得之家產暴于外人之膝下而跪獻之唯恐其不受今劉鐵雲又以此施之于我浙江矣浙人非盡亡者顧不聞其事歟何竟無一人焉出其全力以爲我浙江與劉鐵雲一搏也三月大學退學之事我浙人之官京者致書于浙

時評

官及大學堂之總理詞嚴義正謂不能坐任全浙學校之敗壞此言也浙人銘之不敢忘今顯又以此要求于我鄉先生之前毋任劉鐵雲毀吾家亡吾族以至于燃眉不能救也嗚乎中國已矣已有土地已有財產唯恐其不失不盡而必欲拱手奉獻于外國人之手而後快吾悲浙江又不僅爲浙江悲也請普中國如劉鐵雲其人者爲我下一復語來

嘉興演說會解散事

異哉以吾所聞嘉興演說會之解散

嘉興雖處交通便利之地然人文薄弱學校不多地方志士日以開民智爲急有敖君者謀興演說會事且成立矣爲地方吏所聞驚以爲大逆謀捕之事聞於某君則告于敖令暫避地于是敖君去嘉興

吾聞今吏之殺人者矣滿口極罵不以爲大逆即以爲惑衆又不問其人之何宗旨何來歷何所事何所言輒曰此康黨此康黨康黨二字竟若爲今日新黨之代名詞受之者抑何冤今敖君所謀議者演說會耳若地方學校之事若風俗改良之事若外間事變關系地方之事則地方人人得而議之古者國有大政謀及鄉士謀及庶人今姑不說國政但以地方人論地方事猶且禁之固將以嘉興一府之事盡掌于嘉興吏一人之手而後得縱其所欲爲乎且演說會亦纔成立耳猶未開演猶未布告而吏則以大逆二字妄斷之是直漢吏心獄之故技則鬼蜮而已矣近聞湘撫趙爾巽氏下事之始即勸令湘撫徧開演說會嘉興吏吏也湘撫亦吏也何雜然不一其轍也爲告諸吏爾種種事爾種種言其合于大逆二字者不可僂指自陷于逆而又以逆陷人斯

亦逆之至矣又告諸吏方今民智漸萠向者野蠻政略今將無所施以朝廷數十吏不可過抑之潮流而爾欲以一手足障之多見其不自量也

◎內國之部

端方與梁鼎芬

今日爲中國內外志士激戰之中心而敢來一試挑戰者于內有張之洞于外有端方與梁鼎芬留學日本之湖北學生今歲共擧湖北學生界雜誌事聞梁告于端而禁之及俄事起留學生腹懷宗國謀爲忠告電致北京政府及北洋（參看本誌前兩期留學界記事）請與俄戰而自則組織學生軍以待命端梁聞之以爲是革命軍以文徧告沿江各督撫又嚴諭文武官吏緝拏留學生之回國者聞之大笑不止以爲端梁皆年長有閱歷者顧憨稚悍愚之至于斯極也夫以今日外侮如是其急內變如是其甚即曰以收拾人心爲主義又慮其未安而顧自出手爲叢敺爵爲淵敺魚之謀鈎黨結獄緹騎四出若欲盡殺我中國國民而後止嗚呼以若所爲是自設穽而終自陷之也公休矣曰罵學生數百句日布文書數十通猶之草野小民日日罵關吏日日罵縣官畢竟以『沒奈何他』四字了之則諸公又何値乎來

上海教育會與愛國學社之衝突

吾聞上海教育會與愛國學社衝突事後數日。乃敢以一滴血一掬淚以告于我教育會及愛國學社各志士執事之前。

時評

今中國之號爲志士有熱心者。亦僅矣。非放逐以死。即顛沛以死。即離羣索處以死。即不死。中去其中途易轍者十之幾。去其槁木死灰者十之幾。去其寄託于醇酒婦人者十之幾。所存當尙有幾何。波瀾大起。風潮乘之。于是去年夏有中國教育會之設。其各有愛國學社之設。苦心孤詣。遂辛勤支持以至今年。而各處教育會及各學堂。皆步塵而興。咸奉海上諸志士爲全部之中心。吾方爲中國教育前途賀。然瀾來見海上報章及海上志士來函。彼此均有微詞。其是其非。亦未敢憑數行書遂加臆斷。然以我輩今日辦事。必自有公共注重之一點。其同也。即是我輩。非我輩無不可合也。其不同則雖以父子兄弟之親。不可合也。教育會及愛國學社。有以異乎。無以異乎。人人能言之。何又乃干戈起于蕭墻也。愛國成立于去耳冬間。其時倉卒事發。各學生之父母之戚友。均紛紛電催去滬。而學生乃卒能茹苦含辛。以有今日之愛國學社。其事可敬。其心堪悲。教育會何忍遂叛之。雖然。教育會學社。亦非可遂叛也。蔡民友。教育會之長也。提携其數十學生以出。此事提議于教育會遂乃相助爲理。以扶以持。論其迹。實爲共經患難之良友。此而不終。中國尙有可相扶持之人乎。尙有可辦之事乎。又不禁爲中國前途一哭也。夫以今日之中國。以今日中國之志士。其于『意氣名譽』四字。當如何擺脫之。奈何日累于此四字。而竟至同室操戈也。故吾于此事。不欲說是非。不忍說門戶。願以『有情』二字。以上獻于諸志士之前。其或注意於此。則二者雖離可合。即暫不合。亦不害其獨立。何哉。吾等因自有公共注重之一點在。其他因不暇言也。

大俄馬隊

聞今日奉天一帶有所謂『大俄馬隊』者俄人歟中國人歟

大俄馬隊者北方馬賊之變相也北方向有馬賊庚子之間時亦結羣聯隊以梗俄兵不數年乃皇皇然以大俄馬隊自豪于北方

吾嘗聞馬賊之所爲矣其始也搶劫財物以長以養官吏不能禁之則聽之于是不爲馬賊者皆坐困于馬賊乃不得不自附于馬賊及俄人至而馬賊乃多一敵手馬賊之黠者乃自獻身于俄人以狎侮其自他各馬賊他馬賊恨之又羨之也乃亦自獻身于俄人平民以外受搶掠之苦內乏政府之援不得已亦獻身于俄人于是向者馬賊之招牌變而爲大俄馬隊之招牌向可以欺民商今可以侮官長向祇行之于暮夜今可行之于白日而俄人亦乘機利用之以運其侵略主義于北中國

嗟嗟吾中國人其果無人心歟其長爲地球萬國之順民歟比來外患刺激日益加甚靈光巋然之排外一原質自庚子後乃竟與外質和合而爲媚外之質點其体也愚其質也媚間天下有如是之劣等民族而猶能存立於競爭之世界者耶夫排外非兇詞也任何民族未有不含有排外之種子而能循途以入于帝國之途者也顧西國則善用之而爲獨立爲革命史褒其文世念其德中國則不善用之而爲義和團爲種種仇教仇洋之舉史毀其文世惡其德然則排外何惡在善用之而已而今者政府官吏之于外人奉之惟恐其不謹偶聞有與外人衝突者則必盡力撲滅之以爲快而不知如大俄馬隊其人已反叩其掌而亡而國族矣悲哉吾中

國人也

時評

北京病院

北京未嘗有病院也。然則北京病院何。曰北京政府無人不病無日不病故曰北京病院也

吾讀海上及日本各日報談及北京政府諸公則每每記其請病假夫中國有慣技焉託病是也小兒不欲上學則託病老人不欲見客則託病婦人憤其夫則託病債客在門則託病今政府以日俄事不能兩全則亦託病肖哉其吾國人也雖然記病何如託死託病尙有盡期託死則永無盡期妻有欲威其夫者始則哭不効則以睡不効則以餓不効則以死至于託死則未有不効者也然則今政府只須謀一託死之方法可也夫是謂之病國謂之病國之病夫

日幣之侵入

聞上海及牛莊北京等處。日本正金銀行。皆有紙幣通行。商市情形又一變。

日本之爲此也不僅于吾中國。于朝鮮亦然。朝鮮人以利權不可外溢。公布拒絕之檄。錄其文如下。

夫財者國之血脈民之生命其所關係何如而華商（淸商）同順泰之紙票日本銀行之紙券既無植置之資又非通行于列國者則只自一片空紙也以彼人造之有限取我天產之有限其將盡我三千里內並其所有而倘有不足言念及此寧不痛惋本年正月分鄙等瀝血爲文通告國中所謂同順泰之紙票日本之銀行劵切勿以用之意。不啻申復近聞同票與銀劵無礙流通。物價倍翔。病國害民。莫此爲大。殆哉岌岌若

時評

將不保朝夕。茲疾聲長號。爲我韓臣民之愈君子。以今陰曆十四日濟濟來會于鍾路鉢里廛都家。合衆心而竣大事。無渴我血脈。無捐我生命。上而衛國家。下而保生民。共躋太平之域。千萬幸甚。

右述乃照韓原文一字未增改。下具宋秀萬沈相禧李相轍李熙斗四人連名。此事既布。日人從中干涉。定欲查究。度將來必不能如韓人意。吾國則自日幣侵入後。上下胥安之。抑不僅此。凡華俄道勝券。滙豐券。及諸外國銀行券。無不納受。可謂馴于韓人矣。夫財權即强權也。無泰東西各國。未有自輸其權于外人者。獨中國則向無以財權爲慮。所用洋銀。則皆來自墨西哥。而自鑄者反不行焉。雖然猶以銀易銀也。以銀易銀。雖稍虧其本焉。猶之可也。而今則皆以紙易銀矣。若之何其不窮且困也。故吾感于朝鮮事。而竊竊爲中國財政前途慮。民財既乏。則潰亡而已矣。

哀河南

客有自河南來者。述河南社會風俗之大概。余聞之。心顫動猶未止也。

客曰。余今年赴河南。沿道蒼涼滿目。男不知耕。女不知織。竟如上古石器時代人。其人無職業。好唱戲。開封城內各市。皆無有。獨戲園得其六焉。其家產以養騾多少爲差。多士爲巨富。至貧者亦畜其一。運物以騾。乘人以馬。舁棺以騾。舁嫁輿亦以騾。乃至一舉動一涉步。莫不藉騾焉。故男子不用氣力。不用則萎弱。南方擔夫所肩一担物。彼則分爲三四。甚至四五手。麾之即跌撞。必數武也。所用器甚簡陋。南方人帶往來各物。皆茫然不知其名。羣聚男婦攢觀。以爲異。或手擕洋蠟燭。彼不知所用。以爲可食也。溺之。女子賣淫風爲甚。沿途旅寓。可隨

時評

意吁喚。其値極廉。作叚官行村坊。常有人持刀索買路錢。若扯官旗則羣皆避路也。其房屋甚簡。南方城市之觀。蓋純乎一未開闢國云。

余聞客言身如夢心如癡乃不謂今日中國尙有此一塊未開闢土。按之天演公理其必不能僥倖存矣。夫河南古帝王都。凡文物制度皆自玆出。而今若此何退化之速歟。白人有言凡世有未開闢之土地而文明人不爲之經理則于天理爲不順。此殖民主義所由興也。嗚呼河南!! 嗚呼河南!!

記震旦學院

吾國向來習英國學者。讀幾本通用書。學數句外國語。即昂昂以通達西學名。坐是之故。凡關涉學問書。罕能讀者。其言爲奴言。其才爲奴才。其譯書亦爲奴書。若是于學何益。瑞安項君。竊有鑒于此。去歲在上海設立震旦學院。其學課以讀拉丁文。爲讀各種文之總幹。而參用法國哲學大家笛卡兒之教授法。以國語都講。隨授隨譯。其學科分文學質學二種。條縷分析。秩秩有序。自中國開立學校以來。吾未見其匹也。敢爲中國學界前運賀。

◎外國之部

日俄協商

前月俄陸軍大臣來東京。日本各報羣議沸起。法科教授叩外部以故。拒不見。翌日。盛傳日俄協商成立矣。則

交秘事。未能豫測。竊採此論。以告吾國。東方今日有一大問題曰朝鮮問題滿洲問題是也日人私朝鮮俄人私滿洲此言雖未明布于外交界而二國殆己默認其結果所謂滿韓交換是也此二地者直可謂爲日俄兩國交涉之要點若于英于美于德于法盖無絕大之關係日俄交涉止而各國交涉亦止雖然請試思之日俄交涉既止爾時中國果處于何等地位乎日俄之爲戰爲和雖難逆料然要必出于平和協商均之所以分吾國也而吾國某大臣乃曰『此外國與外國交涉事吾輩不必與聞』嗚呼以若所言行若所行直巳亡其產而猶自傲于富人之列也可痛莫此爲大

朝鮮李容翊之被刺

嗚呼何朝鮮已有荆軻聶政其人而我獨無

李容翊者。朝鮮之黨俄派也以病居醫院一日火爐内炸藥迸發。傷數人。而李無恙。今尚究其事我嘗以中國與朝鮮較則國體相若政風相若士學相若民俗相若獨一種堅忍刻苦知行合一之氣風則吾國尚遠不逮也吾國自政變以後。朝野勢如水火下之言曰。太上則公人共覆之其次則私人手刃之。手刃之說。即荆軻聶政之所爲也何今猶未見其人也朝鮮士人有留學日本者。分爲尊王革命二派今歲尊王派某忽手刃其同學某某向主革命派者也。夫此乃公讎耳以公讎而至以身殉泰西人者行之者矣而今忽又見於朝鮮誠哉吾國尚遠不逮也

時評

塞維亞之革命

吾國人驚革命以爲非常可駭怪之舉口齒及之羣橋舌而不敢下以爲是妄人也嗚呼而獨不聞塞維亞革命之事乎

塞維亞民黨久不滿于君后之所爲秘立黨會聯結軍士欲有所圖也有曰矣今歲事變驟發王死之后死之變後各國皆公認之無異言於是塞維亞革命以成昔者英皇查理士法皇路易十六皆以獲罪國民被鞫法廷膏身斧鉞身死名僇而後世且以爲大戒故今日歐美各國無論政體大異而其主未有敢以虐民爲政者國民之氣力厚而政府之範圍又有所限也故今日當以加厚國民之氣力爲第一義

紹興教育會章程（續）

第四章　增設中學校

第二十條　二年以後中學專修科卒業分往各地設立中學校

第二十一條　準第十五條

第二十二條　準第二條

第二十三條　準第三條

第二十四條　校中募集學生百人須文理清通年在十四歲以上者依第一條所列各科講授三年卒業

學生每人收膳金三元雜費一元學費一元

第二十五條　校中教師五人即以專修科每科一人任之教師修膳每人每月以二十元爲率

第二十六條　校中常年經費如學生足額時可無須津貼照右核計會中每增設中學校一所應貼開辦費銀千元常年費無須津貼如學生不足額時應另籌津貼

第五章　歸併中小學師範學校

第二十七條　二年以後中學校普通卒業即作爲中學師範生另募集已有普通學程度者四十人作爲小學師範生（數年後中學卒業者已多可即以中學卒業生爲小學師範生）而設中小學師範學校

第二十八條　中學師範生學科分四事一補習普通學二教育理及中學教授法三編譯中學教科書四關於開進之演說文字

小學師範生學科亦分四事一補習普通學二教育理及小學教授法三編輯小學教科書四關於開進之演說文字

二科皆以兩年卒業
師範生每人每月收膳金三元雜費一元學費一元
第二十九條　延教師五人分教之
教師修膳以每人每月三十元爲率
第三十條　照右核計會中每年應貼洋五百元如學生不足額時應另籌津貼

第六章　通義

第三十一條　法程之意旨務期以學生之學費爲教師之修膳以學生之雜費爲校中之公用俾各校皆可以自給而永久維持會中祇籌其開辦費及學額不足時之津貼費而已蓋教育之事原應受教育者之父兄擔其責任而受教育之人既得就學之利益自應出其費用公理如斯教育會之責任惟發明此公理而使能見諸實事耳
第三十二條　準法程所定學生所出學費不過一元較上海各處私立學校尚爲輕而易舉而教師修膳較之現情尚不過於低廉核之紹地經濟近況爲適中之

程度

第三十三條　會中副此法程之意旨每年至少籌教育的欵四千元豫備欵二千元以全府八縣分任每縣不過七百五十元耳而十年以後可設立師範教學校一所中學校十六所小學校一百餘所如的欵更多則其成效更不待言矣

第三十四條　與教育間接之各事如編譯印刷發報售書等事或由會員集股創辦或以會欵資助始基概須籌其自能維持之方法而不賴津貼以期永久

第三十五條　與教育近接之各事如視學員之薪俸校具之添置校舍之重修或在雜費開支或另籌欵津貼臨時酌核情形再定規則事務法程

第一章　總則

第一條　本會因辦理會中事務而設事務所於本部或支部其應設應撤以會議決之

第二條　事務所職員之配置名目任期等別立規則以定之

第三條　事務所隨事務之繁簡延用事務員若干人由職員提議以會議決之事

務員之修膳以八元至十二元爲率

第四條　事務所之經費以事務之繁簡而定由職員提議以會議決之

第二章　關於捐款之事務

第五條　會員之創捐及月交到事務所時由事務員製付收據

凡月捐不便按月寄付者可預付一季或半年或一年或數年

第六條　凡會員捐助會欵除製付收據外須告知議會

第七條　凡會員認定之創捐月捐以志願書所填寫爲準逾期不繳由事務員函詢之逾期半年繳則由職員提於議會或删除或催索聽議會之處置

第三章　關於會議之事務

第八條　依章程所定會期其會地及刻職員先期公於會員

第九條　凡合於章程之提議事件於會議前兩星期交於事務所由事務員通知於各部如本人不與會時由職員代爲提出

第十條　開會時由職員糾正議會之儀式以免參差錯亂其儀式別以規則定之

第十一條　開會後卽將與會人數及會議事件其可否意見及決可決否人數詳記通知各部核計多數以爲決議

第十二條　經決議事件由職員記錄分佈各部聽會員到所查閱於大會時審查修正而刋布之

第十三條　凡提議之稿件事務所均須藏儲演說文稿均由本人記錄交於事務所於大會時查閱修正而刋布之

第四章　關於會計之事務

第十四條　會中收付各項依法規之所定由事務員記錄之

第十五條　會欵由公舉之職員經手以貯存於銀行及錢莊生息

第十六條　會中經濟大略隨時由職員佈於會議以便公同籌措

第十七條　每年於大會前作豫算及出納各表於大會時審查而刋布之

第十八條　凡各學校支用之欵雖依法程之所列而支用帳目仍須記錄交事務所核計

第五章　關於教育之事務

第十九條　凡教育會職員可以關於本會教育之事委托事務所辦理

第二十條　凡教育會所施行教育事務均記錄始末交事務所存記每年於大會前撰教育會記事於大會時審查修正而刋佈之

第六漳　關於交通之事務

第二十一條　各部事務所辦理各事呵成一氣不得歧膈

第二十二條　凡會員以關於會中之事務有所詢問隨時答復

第二十三條　凡會中有公佈文件事務須徧達於會員

第二十四條　凡會員之住址寓所及寄信地方有所更易時必函告於事務所

第七章　關於會外之交涉

第二十五條　凡通行報章有述及關於本會之事務須購貯之關係較大者則告之於議會

第二十六條　凡會外人投寄信函文稿於事務所如於本會關係較大者則告之

專件

議會

第二十七條　凡公佈文件會外人之與本會有關係者皆當寄交

第二十八條　凡會員或職員在會外募捐事務所須協助之

第二十九條　凡會外人捐助會欵除掣付收據及告知議會外并按期登報聲明

第八章　附錄

第三十條　凡法規未盡事宜可依章程第三條條四條第十九條施行

雜錄

三種

第八期

游學譯編

癸卯五月十五日發行

半年六册 價銀八角五分
全年十二册 價銀一元六角
零售每册 價銀一角五分
郵税酌加

●教育●論學校對家庭與社會之關係
●學說●希臘哲學
●軍事●二十世紀開幕絕東戰爭之豫測
●歷史●埃及亡國慘狀記
●傳記●蘇格蘭第一愛國者維廉華拉斯傳
●學界思潮●達化齋日記
●中外近事●一月風雲錄
●附錄●與鄉人書

總發行所 日本東京小石川區江戶町二十一番地 湖南編譯社編輯部
上海總代派所 英界三馬路中蘇報舘內 湖南編譯社事務所

每月一回陰歷十五日發行

東報時論

滿洲問題

俄國外交之特質

德義不必存諸心巧利乘其機會執惟一之目的此三者俄國膨脹史所現之大特質也千六百三十六年拍也哥利自耶柯玆克達太平洋海岸之經路發現以來滿洲全土幾歸掌握至今日彼之狀態實猶不失此三大特質

阿母羅之占領

內路侵斯羅條約

愛琿條約

彼先志占領塔蘭世及阿母羅地方建都於亞罷秦徐徐施其侵略手段然遇韃靼人有強硬之反抗約四十年之久其結果如此因於千六百八十九年締結納徑斯枯之條約破壞伊盧敗柴之都雖經此一敗而彼猶摯拗不撓更轉請求伊母路河之通航權既得此權力紛爭數十年其結果又敗故遂結千七百二十八年

雜錄

之條約劃定露清間之國境而俄國尙不捨其目的千八百五年三度要求此通航權而遭嚴拒云

俄國知雄飛之不遂不如雌伏以待機會之來至十九世紀之中葉清廷之威漸衰洪楊之蜂起及爾時之東方西比利亞總督磨利海夫踩躪前次之條約相繼送探險隊與哥薩克兵招致軍艦侵略阿母羅地方建設尼古拉夫枯麥利恩斯倭來獨弗克確恩斯及弗克等處建設都會固其侵略之基礎遂於千八百五十八年不助微弱之清廷要求愛琿條約之調印並約百萬方里之阿母羅地方爲永久占領云云

烏蘇里地方之占領

伊犂地方之侵略

對於滿洲之野心發現

既占領阿母羅等俄國更懷併呑南方之野心千八百六十年當英法之聯軍侵入北京清廷遁逃於熱河衣庫奈氣夫將軍以爲好機會不可失即迫清廷割讓烏蘇里河與太平洋間廣大之土地至千八百六十三年長卡耶之摩哈默德教徒叛亂清廷鎭撫正形窮困而俄國乘此機會即進入占領伊犂後叛亂漸次克復而俄國名雖還清伊犂實貪多數之償金然於滿洲所獲得之自由通航權已入掌握中矣此千八百八十一年之事也

自千八百八十一年至千八百九十五年俄國一面施籠絡清廷之手段一面送探險隊於四方一面表平和親交密策併呑支那四百餘州之土地適其時中日釁起彼見遼東半島將割讓與日本即誘德法來干涉强

使日本歸還遼東當時揚言曰日本占領遼東是破壞東洋平和之局其實彼干涉之眞意欲留之以爲已佔日占領地步俄國對於滿洲之野心實自此時此事而發現也

卡沙確條約

滿洲鐵道之布設

遼東半島之占領

千八百九十六年俄帝舉戴冠式李鴻章衔卡沙確之條約赴俄都當時天下列强咸眩惑尼古辣斯二世戴冠之盛觀李鴻章與羅敗夫等私相語調印其條約約歸來二年間相守祕密然不料清國之滿洲鐵道布設權讓與俄國漏洩於世上漸次惹起列國之注意卡沙確條約之存在滿洲鐵道布設權讓與等公然祕密矣又膠州灣事件起德意志因殺害宣教師之名貽以口實遂占領山東之一角並築壁壘嚴兵備俄國即據此事實以爲口實揚言德據膠州於東洋列國權力攙亂中均遂進旅順之丘上建樹國旗發二萬兵占領而街而要求遼東半島之借租當是時清廷亦無如之何而諾焉

滿洲之事實之占領

團匪之亂與俄國之特別運動

旣得滿洲鐵道之布設權又獲得遼東半島於事實上已掌握滿洲邇來俄國益布設鐵道孜孜建築兵營事實上占領之基礎愈形鞏固而名實上占領之時機可以緩待時哉時哉團匪之擾亂起而列國皆運兵救濟

雜錄

公使館掃蕩團匪而俄國亦發兵隊參入列國聯合軍聲言追伐團匪由對絲薩運兵於東洋不上陸於太沽而上陸於旅順及牛莊列國軍方盡死力以救使館而不知彼先於滿洲之要區配布强大之兵力矣

團匪之亂與俄國

俄國之聲明

俄國外交之先先其見機而動之敏活固自感歎雖國際間之公約對於列國之德義祇顧利用而行其一己之野心無所忌憚以上之歷史可證明倭來克斯利烏斯氏所謂俄國之外交細察其所定目的但能達之德義可置諸度外惟利用其機會耳而團匪平定以後俄國背信之行爲詐僞之手段相繼出現當時列國聯軍方苦鬪於北京附近而彼獨自放鐵蹄蹂躪滿洲之野公然向天下告曰『俄露斯之軍隊進入隣邦之境內決非對於支那有不利之目的却於現今危急之時援彼友邦以我軍之駐在相與結戰取北京政府大可獲益爲支那自身之利益可速援法律與秩序之恢復也』云云彼所謂決非對於支那有不利之目的爲支那自身可速援法律與秩序之恢復等盟言不顧陷列國聯合軍於危險乃敢獨出特別之運動今也彼果履行此言矣

團匪亂後策之準備

美國提議

團匪漸平列國協議善後政策仮即以議定標準通牒列國曰(一)維持列國協同一致(二)維持清國之舊觀(三)

於種種方面有誘分割支那帝國之因者即當避之（四）列國既協同則各維持己力於北京安寧秩序可回復合法之中央政　俄國前所議定者如斯而今於滿洲行動得毋自相矛盾耶北美合衆國爲門戶開放政策即提議於列國，所謂利益範圍如在既讓與地內之開港場或已得之權不得干涉一利益範圍內之開港場出入商品悉循現行條約之稅關稅關使支那政府徵收之三於利益範圍內之港課入港稅較課自國船舶不得增加於鐵道徵運賃亦不得較自國品增加以求公認俄國首先表贊同之意然俄國實首要請保全支那對美國所提倡保全支那之通商的又擧雙手贊同而今果何如耶

俄國之誓言

虛僞續出

列國不論俄所揚之言於滿洲對彼所爲不能嫌焉屢詰責其眞意彼乃公約曰一於滿洲施恢復永久秩序且保護鐵道之手段之後又能不障害列國行動即當撤退軍隊於隣邦領域一於營口各國政府及商業上之利益及依軍隊被復舊之鐵道利益不蒙何等損害保護完全其誓言何公明正大若是耶恢復滿洲平和秩序已二年有餘彼依然駐屯多數之兵掌握營口果何心耶

北京議定書與列國

俄之貪暴背信

列國同盟認保全支那政治的及通商的不可利用北清擾亂而犯支那主權乃各遵此主義惟取償金而足

故未幾而兵皆撤退矣俄亦於此誓盟調印議定書之一國然其償金額大於各國既取其股分一億七千萬圓又蔑視議定書主義自食其言併吞滿洲貪婪橫暴誠無所底止焉

滿洲條約

日英同盟之成立

俄國自揚言曰欲圖滿洲之平和及撤退滿洲之兵固屬當然但斷不能以一己之誓言而對列國語向不肯實踐此約之俄國今被清廷及列國漸漸迫其履行誓約於是厚顏要求撤兵費及十二條欵其撤兵之名與實無非以滿洲之割讓向清廷要求是實前年三十四年事也邇來列國間惟英美日三國盡力抗爭之其占領滿洲之野心於是不得遂待英美日三國同盟既成後未幾即締結去年四月之滿洲條約以去年十月八日今年四月八日及十月八日三期之約撤盡滿洲之兵是等歷史歷歷在人耳目無日或忘者也

滿洲問題之結晶

俄國之條約蔑視

雖然以不信悖德厚顏執拗之俄國至第二期撤兵時尚未實踐此約復提出七欵之要求冀欲遂其占領滿洲之野心因此即知俄政府之言斷斷不可深信者今於第二期撤兵之期已逾三月之久尚未撤退蓋滿洲之在其掌握中誰不知其愈堅固乎是皆近頃之證據也

又云公使某日返營口至期不但未返且分記其稅關以私其收入並握牛莊檢疫之權以占領北清唯一之

開港場是非吾人所目擊耶又募集清兵以訓練之分置要區且應用馬賊是不啻良民受其荼毒即清廷遣討馬賊之軍亦非常棘手是非各新聞所載之事實耶而俄國公使歸任後屢以譎詐手段籠絡清廷之官吏或以金力或以威力以壓迫北京政府是皆事實之証殆無容疑且夫清廷既不耐受其壓迫又無抵抗之力於是俄臣羅薩之要求一一容認之是等密約之報屢屢驚觸吾人耳目嗟嗟滿洲問題一變再變三變而至於此其危機已達於極點矣

美國及政治之保全

英國之軟弱態度

美國之於支那其維持政治的保全尤以維持通商的保全爲重蓋以國勢適當之故政治分割尚可得設想維持通商失業交通之自由無望吾人之向於美國不致三思更不得不無希望所可怪者英國之態度耳夫英國之於東洋其政治的經濟的關係態度從來軟弱即如俄國占領遼東彼僅得占領威海衛夫以俄國之野心謂之爲眼球之針刺亦無不可彼獨於俄國進步之前著著退讓甚且結英俄協商之條以長江沿岸之鐵道布設權爲己有長城以北之鐵道布設權認爲俄國之域且於滿洲容認俄國之積極的經營可謂愚矣雖然是非無故也蓋以南阿之戰爭不能盡力於支那問題是以吾人以英國於東洋之基礎之動搖不得不爲之懼焉及至英日同盟彼方醒悟大有强不如人之嘆而其後之行動始徵見路透電報載有羅託枯辣恩霍述俄國之公言彼不問其事之確實與否一一報告於議會得毋非計乎駐清之英國公使僅以辭令之外

交爲至當熱心至當注意以鞅掌示決心不更非乎若夫滿洲之於俄國支那孰得孰失英國亦不介徒知開放門戶得通商之自由則無復他望吾人以戰後經營擔保己國之利益而始有日英之同盟雖然同盟國不足恃之感念己傳播於吾國民之間并侵染於日本國民之腦是果知英國將來之爲利於東洋不可信也噫可勝嘆哉可勝嘆哉

俄國與滿洲之平和

俄國平和之維持

恢復滿洲之平和與秩序惟俄露斯國彼費許多之財力壞幾多之生命要求滿洲之占領至大之權利誰敢拒之然投幾多之財命克復北清平和之列國創保全支那之主義不犯其主權惟得應分之償金誰得不同聲曰駐札清國之軍隊撤退撤退嗚呼言猶在耳口血未乾而俄露斯之假面目已全脫矣彼當列國提議北京議定書之標準時彼保全支那之主義撤兵滿洲之誓約不知其幾度且自議定書調印後受幾多之償金然吾人細察滿洲問題之前後滿洲之平和果爲俄露斯之恢復不能無所怪也試問俄國自占領滿洲之前與占領滿洲之後孰平和安全可知也當俄國占領滿洲前攪亂滿洲之平和者惟馬賊而已滿洲之良民各攜武器拒馬賊之刦掠以營其生活彼等之所以不能平和者唯一馬賊然至俄國放兵於滿洲之野暴害良民較馬賊尤甚到處虐殺刦掠欺老幼姦婦女輕狂暴亂之狀實目不忍睹良民不能抵抗其獰猛遂屏息不敢動今彼等之武器刦與馬賊所得與俄兵比肩同氣橫行於四方阻清廷馬賊之追討軍嗚呼彼何等之暴

狀彼果平和之恢復者乎抑害平和之蟊賊者乎彼於滿洲之行爲全野蠻之手段而已謬所謂自放其火自收其功而已於滿洲之和平何與哉然幸俄人亦碧眼紅髮之儔耳否則吾不知美國人將目彼爲何地也

俄人文明人乎

武市及警腦之虐殺

今見俄國於滿洲之野蠻擧動蒲羅克斯陣之虐殺汨汨洪河屍骨盈陳於此足以證俄人之失文明資格也不見彼於警腦所謂『在戰塲不能見之光景』『惡鬼類之暴虐』「文明國歷史以來未曾有之慘狀」演出此等不可思議之惡劇尼羅之殘忍謝哥疾之暴虐遑其避之舍之蠻行乎又不見阿米尼阿之虐殺絕叫土耳其人道之敵耶中東戰爭之時彼睹旅順吾國軍隊之行爲不難議爲文明之敵然所在謂文明國者見俄人之行爲又如何云耶嗚呼俄人果文明乎俄國果文明乎咄白色鬼汝也人道之敵文明之仇

俄國之統治文明的乎

希望平和安寧於白色鬼統治之下以期殖產工業之發達抑亦誤矣試問哥薩克之橫行可以保全生產業發達人命財產之安全否若滿洲果渡於俄國之手使滿洲任俄國之支配可如今日之浦港按浦港所謂我之恩惠之下不容外國人居住總督不拘如何不明理由二十四時間內有命令撤去之權力總督之賭博費遊玩費種種名目之下悉由浦港商人徵集之而不得拒故浦港生命財產之安全商工業之繁昌皆以賄賂得者也見維丁氏於浦港五十年來之繁昌忽奪大連俄國政府爲自家之野心如何悟外人之利害得失若

雜錄

夫西伯里亞鐵道滿洲鐵道及北方各地吟味都會之性質而後知其非主經濟的價值重兵略的價値也俄國希望殖產工業之發達並平和安寧若文明之擁護蓋思過半矣

滿洲問題與日本

滿韓交換之愚論

今也滿洲問題之危機已達於絕頂若猶事姑息偸安使俄國得遂行其野心獻文明於蠻人之膝下供人道於惡魔之面前平和榮光同歸犧牲洵如是則吾國死活之問題興亡之運命今將決於此時矣如彼滿韓交換之議其迂且愚不待多言即可解決此危機也試翻歷史觀滿洲與朝鮮有如何之關係俄國之野心最後若何之希望則當悟滿韓交換之愚論之未當也俄得滿洲則吾國於朝鮮經濟上政治上之地位必不能擁護朝鮮既爲此野心國所席捲吾國將不得一日高枕不待識者而後知也

經營上之憂患

日本當發展國力於海外

或云日本之經濟究不耐於開戰不若暫退避其銳鋒以增殖財力使戰爭開自吾國決無異議且吾國於公債政略挹此注彼挖肉補瘡較俄國有非常之苦痛當國家存亡危急之秋不可不稍忍之否則雖獲瓦全應悔玉碎矣然試問今日讓步於俄國吾國於對岸之威信悉掃蕩無餘吾國將如何以增富夫彈丸黑子之地群居五千萬人且歲增五十萬之人以非發展國力於海外斷不能增殖財力發揚國威此事理至明晰也今

鎮海外國力發展之道。而寓富國之事。其愚誠不可及也已。

國民自尊心之破壞

最後之決心

吾人非敢漫言主張決戰也然俄國無道肆其野心將蹂躪天下之文明破壞平和之秩序且危吾國之存立發達之機以此數端故吾人不能不操干戈以應對之也吾國民觀俄人之橫暴之行爲敵愾心之育成也久矣今也雖兒童走卒言及俄國則目爲敵國若今屈於俄國之前則國民之自尊心必不免爲所破壞矣外失國家之威信內壞國民之自尊心欲期國家之隆盛何可得哉何可得哉

雜錄

來稿

記仇滿生

仇滿生。福建侯官人。生平持民族主義。立志倒滿洲政府。故自號仇滿生云。仇滿生既負大志。以爲方今非合羣力不足以舉大事。於是肄業于福州東文學堂。冀得交結志士。共圖大舉。然閩士性質。率近保守。且其程度無有能及仇滿生者。仇滿生落落難合。惟與其同學林君志鈞程君樹德相友善。二君于今年三月渡海至日本。于是仇滿生在閩益孤。乃亦謀東渡。五月上旬道上海。値俄事起。東京留學生組織義勇隊。而仇滿生之友程林二君亦投身義勇隊本部爲部員。上海社會大激昂。日爲集會運動。仇滿生既痛時局逼迫。自分瓜分在即。生平欲爲克林威爾丹頓羅拔士比親鞫查理斯第一路易十六世之事。此志恐不克遂。毋寧犧牲吾自蹈東海死。冀東京留學生及吾親密朋友聞吾事有所感奮。則他日能竟吾未竟之志者。正自有人。且恐義勇隊及本部部員有懷懼而不肯遂死或中途變計者。己則先爲之倡導。乃于十四日乘西京丸赴東。船抵馬關。仇滿生操閩音與船客語甚久。客山東人。不能閩語。仇滿生因乘梯出上艙。客尾其後。見仇滿生望海而立。張目四顧。少頃。遂奮身躍入海。時波浪洶湧。船主命停輪。投救生環數四。而仇滿生不肯復活。但見如山之浪澎湃

雜錄

砰訇掠船而過。仇滿生即葬身于此大浪之裏。飈忽以去矣。先是仇滿生在滬。以書抵林君棨。告以某日當至橫濱。及期迓之不至。惝愰傳西京丸郵船過馬關時。有蹈海死者。自稱仇滿生也。于是程林二君貽書會舘徵其事。久之。乃得仇滿生死狀。東京同人聞之大感動。咸就程林二君叩仇滿生生平。六月一日曜日。仇滿生同學發起爲仇滿生開追悼會于日本東京牛込清風亭。是日與會者僅二十許人。然皆表同情于仇滿生者也。程君樹德首出席演說。先述仇滿生平日志行。次揭明其蹈海之故。語甚激楚。合座淒咽。繼林君志鈞宣讀祭文。林君與仇滿生交最稔。故其祭文累數百言。情辭俱摯。而復出以悲壯之音。聞者咸爲欷歔。宣讀既畢。劉君崇傑起。命衆整列。向所設仇滿生之位。行三鞠躬禮。禮畢。合與會二十餘人共撮一影。以爲紀念。浙江留學生監督高君鳳謙亦來會焉。仇滿生年三十餘。足迹未嘗出鄉里。故即以今日如荼如火之學界。亦無有人知仇滿生者。其生平學業志行。程林二君皆能道之。書此以告世之欲爲漢種國民作傳者。仇滿生姓陳。名鯤。

留學界記事

●特派員之還東

前東三省問題緊急之際東京留學生中之同志者激於愛國之熱誠曾選特派員內渡赴北方相機運動當時出發情形早詳紀前號本誌特派員抵北方後時時電商一切嗣聞該問題稍有活動因電招特派員還東陽曆七月初三日東京得特派員自濱松發電知將於某時抵新橋停車場於是職員中派某某等前往相接旋因中途鐵道有損不得進行至次日始着東京初五日午後全体會員開歡迎會於錦輝館首由職員陳述召集會員開會之主旨次特派員先後報告政府現今之行動與北方社會之一般情形次職員提議特派員此次銜命歸國準以臨時出發相約之權限既無限越並使吾輩深悉政府之舉動此後應如何改變手段皆特派員調查之力焉應褒賞二等徽章以彰勞績請全体會員公認於是會員贊成者得多數特派員再三謙讓不受謂吾等此行未遂諸君之目的己深負諸君之囑託今日不受譴責己屬徼倖至褒賞徽章萬不敢領請留待有功者云云是日特派員報告之詞(畧不載)又提議時有某某會員提出改革意見宣告大衆會員贊成者過半惟某某等以意見微有不同並或因病或因才不足當場脫會者十餘人五時頃散會

雜錄

●記吾浙夏季同鄉大會

陽曆七月五日。吾浙開夏季同鄉大會于九段坂上之富士見軒。凡吾浙留東學生與在東游歷紳士及橫濱之浙商後先涖至。是日彙爲湯君標歡迎章君宗祥陸君世芬卒業送別。誠吾浙同鄉未有之盛會也。鐘九下。乃齊至演說堂。首由吳君振麟述開會詞兼歡迎致別辭。並道吾浙自今春以來進聯隊者踵相接。今陳君蔚等十八人不數日又將進隊。可爲吾浙前途賀。次湯君標報告北方社會一般懽外媚外之情形。次章君宗祥演說歸國辦事之方針及其次序（演說稿以限于篇幅故皆从略）次會計報告。次書記報告。次雜誌部報告。次招待員報告。至正午赴懇親宴室。几椅清涼。香花撲鼻。杯盤交錯。肴果芬菲。酒酣。吳君振麟起而言曰。『今日歡迎送別無樂不彙不可不醉飽以盡斯歡』于是坐者皆起立飲一杯。少頃。湯君標離席而言曰。『吾會之成立久矣而未有開會以送卒業歸國者之一日也有之自今次始章陸二君返國後吾知其必有以福吾浙與吾中國。此間同人何等注目。今日陸軍學生與會者甚衆。宜行軒擧禮于二君。以表期望之意』成城諸君。即以此先禮章君。章君曰『辱承優待無以爲報敢酬杯酒』于是坐者又皆起而各飲一杯。成城諸君復以此禮敬陸君。陸君答如前。既。陳君蔚亦起而言曰。『湯君標冒險赴北今得安然返東可敬又可慶吾輩亦當以軒擧禮謝湯君』語未畢。即軒擧湯君。湯君笑曰。『吾亦照例酬一杯。』是宴也以有種種樂事復佐之以酒與故每逢軒擧之時無不鼓掌成雷衆口喝采蓋亦不自知其狂喜也。宴畢再集于演說堂。提議雜誌部維持事。至四時頃。盡歡而散。

愛之花

第一回　非筆非舌述鏡花緣　是虎是狐衍勢利界

儂更有情

一切有情究竟無我天荒地老煩惱常生嗟嗟。痴迷精衛難塡苦海孽流顛倒情魔空演熱花冷火六根易斬最難斬是血根種性可論切莫論乎迷性桃源非淸淨土勸參破厭世刼魔世界是大舞台先攝這競爭影子酒醒時靈魂一匊快樂這變相萬殊鉄血關頭胭脂隊裏剝去光明的畫皮即是黑暗之地獄暫借光陰聽余說法嗟乎。野人獻曝難廻落日之戈山僧煨芋未了浮雲之夢聊證同心不嫌饒舌

諸君。說書人第一回登場。恰有幾句煨語。要與聽者解釋。據今日祖國的時勢。兼看小說的程度。只愛之花說部。萬不足以鼓吹。不過據余鄙見欲治種種改革。先下手

於社會學。社會學有統制羣治之關係。福祿特爾。法國革命軍之健將也。乃先著風俗論爲同胞說法。瑪志尼立伊大利少年會。不免借社會主義以鼓吹。先以國民迷妄關頭一棒喝破。而再于百尺竿頭轉進一步。以下藥庶乎其近之矣。說書人雖不敢夜郎自尊。妄擬革命偉人。然平日喜研究社會學。以叫醒同胞之昏睡自任。爰著愛之花說部。狂妄之說。讀者諒焉。

諸君。箇人最難參破的一个關頭是什麽。就是戀愛勢利四个大字。天下究竟沒有醉枕美人之腕。醒握天下之權的英雄。富貴驕人。道德墮地。如一惰人有了眷戀。有了娛樂。聽他是英雄。是豪傑。一定把愛國的迷性抛在九霄雲外。不然難道我們祖國只一隊齷齪狐鼠。他亦是從母胎裏十箇月生出來的。何爲竟管了自家。忘記同胞呢。不過是把錯雜的迷信蒙住了。浮言不表。卻說亞細亞洲大陸之東。有位少年。姓屈名敖。表字幻儂。尙俠好遊。聰頴豪邁。思想實力。在同輩中錚錚獨露頭角。十二三歲的時候。鄉父老都注意他。爲黃種未來之偉人。必靠他將來把東洋的文明一隻手翻轉來。到了十七歲。幻儂就跟他的親戚。往法國去留學。只一段歷史。姑且畧去。況幻儂呼吸了只無量數的文明空氣。那知識學問。果然如朝暾初生。春花怒放。發達得十分迅速。至二十二歲。就在法國大學校卒業。也曾回國一次。要想把亞細亞洲。由千年塚中喚醒來。可憐獨木難支。閒煞英雄。過了兩年。毫無下手的地方。幻儂就轉了念頭。他說平民終究難革政府之命。我不如鑽條官路。將來有權有勢。我放落臉來。就可以成事了。卻說幻儂自世家出身。又生得一表非凡。雖然年紀輕些。只要不把翦過辮子當過留學生的招牌掛出來。那做個公子官兒。有何難處。幻儂既入仕途。政府果然贊他善于趨蹌。極為賞識。恰是冤冤相報。不叫他做地方官。叫他做外交官。後來因他深演法文。就派他到法蘭西去。唉。只一場因緣。遂演出愛之花說部的歷史來了。聽說書人描着幻儂的口吻述來。

余少年自負勇氣包身。號若獅。飛如鷙。好尚豪俠風。頗有拔劍案馬蹂躪全世界之志。自問一洒洒落落之眞男子。不幸以二十七補外交官。即驅余入昏迷勢利之陷穽。猶幸遊華胥不久。竟得覺悟。余受職居巴黎。尸居素食。頗消磨余英氣。余初出世也。抱不平主義。既一變為厭世。再轉為快樂。春秋佳日。儘余勝游。時適五月第三金曜。西例爲令節。執事者皆給假。名勝之區。游人如鯽。是日晨鐘初警。曙色烘窗。寢室白幃。映如放苞薔薇。余未起。執役人即傳有客至。來邀余訪路易十四世王宮故址。余甚厭。蓋余曾與最親愛最戀慕之羅舜華約遊奧敦戲園。舜華何人乎。巴黎著名之女優。丰姿競蝶。競色羞花。而一種温柔之性質。尤攝余魂。凡法國通人无不戀其名。无不欲一挼其眉嵐以爲榮。諸君。舜華即助余演成愛之花說奇之主人公也。余與之約往奧敦戲園。在五月第三水曜日。適遊公家花園而歸。舜華之馬車。迎余眼簾來。嬌然一笑。泛芙蓉之頰。湛嬌愛之波。無量。歡喜。深印余腦。水曜日至金曜日。同行之約。一刻不能忘。遠鐘自鳴。既已八下。余急正容。易華麗之服。雖未出門。余之靈魂。已飛附于舜華之身。而時偏訪余之友人絡繹至。余甚惱。心怦怦。坐既不能。正顏色雖不敢。慢客而厭態已畢露。客均質余有心事否。然自問最知己之友。終不敵舜華之愛情。待客辭去。恐客復至。即惘惘出門。訪舜華之宅。司閽者偏告余已他往。余聞是言。心如虻刺。足且戰。將返。一侍兒忽忽出語。余曰。午後二下鐘。舜華會余于科恩大餐館。余佇立。取時辰表覘之。僅十點鐘。遂辭去。至門外。連呼馭夫！馭夫!!卒無應。余忽自笑曰。咩。余出門甚急。而並未乘車。余眞失魂者。乃不暇擇途而前奔。急遇故友。詢曰幻儂何事忙。余答曰無事忙。復曰何往。曰將往科恩館。客大笑曰。君將于西半球尋日本海矣。余亦自慚其誤。即揖客而別。于途呼一輛野車。至科恩館。時市上大鐘長針適至十一點四十分。余奔已疲。既至即命侍食人擇一臨街華軒宴之。佇立外向。轟。余耳膜接。余眼簾者。惟有車馬烟電而已。閃坐閃飲。覺倦而思寢。終不安。時或倚榻。時或遙望。忽忽已一點三十分。有一輛華麗馬車。馳風來向科恩館驀然停止。余此時眼花亂瞳。即探半身于玻璃窗外。口雖未呼。而親愛我舜華之聲已溢于發音器中。而車中嬌好舜華之顏色。已刺擊余腦。豈圖人未下車。而先伸出一光光禿頭。余叱曰。咩！急內轉。不愼余之首。觸于窗上檻。痛甚！惱甚！余抽一口長氣。昏昏倒于榻下。乃竟睡覺。烟雲變幻。杳不知所至。未幾覺有人執余手而呼余。肌膚似甚細膩。聲音似甚嬌。余急睜眼。噀！!! 噀。舜華已直立余榻前。余急坐起。余覺有無量之相思。心欲言而口噤。注目直視。心忽如波濯。顏急如潮湧。適余之痛處惱處。已不知何往。舜華指余曰。君醉矣。余半嚮乃曰。誠然。余醉于酒。余更醉于美人。余是時無從贊舜華之美。余僅見舜華綴于襟上一翦好花。與嬌態相競爲最美。乃草草終宴。急携手登舜華美麗之馬車。舜華秋波斜睇。置纖手於余膝。臂上寶釧之花。與余視線相鬥。雖然馭夫嘆…的一聲。只見車前兩頭栗色駿馬直驅如龍。余覺是時一切思想已盡消滅。飲則戀愛之水。游則戀愛之土。謳則戀愛之歌。戀愛之外不復有世界。徐徐舜華探時辰表示余。尚未三點鐘。而戲園則須四點開演。遂疾馳通衢以爲樂。嘗見市上車水馬龍。高處下瞰。游人蠢蠢如蛆。車行漸緩。遙見道左一巨大鮮菓店。羅列無量南歐珍品。驟來一藍縷老婦。抱顏色憔悴之飢兒。頻指店中菓品。手舞足蹈。扭老婦之衣襟而亂呼。然爲車輪馬足所錯雜。不能辨其語。惟見老婦含無量之酸辛。探囊中數銅片以賺兒。吁！余雖耽快樂主義。余之眼底恰含有無量滴之熱淚。余沉沉以思。覺社會不平等！社會不平等!!!之聲。流露于口角。言未畢。而舜華忽叩余膝曰。君速看柏卿納公爵夫人來矣。余聞言。已將藍縷老婦之念頭劈去。遙見四頭亞剌伯馬。曳一輛耀眼幌車。前後馭夫。均着燕尾服。載金線輝耀之禮帽。借主人之威光。傍若無人。揮長鞭驅馬如飛。車中坐一年望四十之盛裝貴婦。傲然自得。伊何人斯。德意志最有權力的柏卿納公爵夫人也。嗚呼。此婦人有何理由而若是之張威此婦人有何理由而天乃授之可以張威之特權咄！彼蔑視道左之人而道左之人偏側足避道余甯不兩唾其面凝思未竟而貴婦人之馬車已繞道右轉。馭夫長鞭揮處忽掠及一勞働工人之面龐。呀的一聲工人突倒於地。余心忽驚一跳。工人已忍痛勃起追向馬車之前。緊握其轡疾呼曰待！待！何處醜奴亂暴傷人馭夫怒叱曰胡鬧！胡鬧無禮賤奴此柏卿公爵夫人之馬車便軋死爾爾敢何爲退！退！休自尋禍馭夫怒眥欲裂烈火如焚復揮長鞭打牛馬向工人亂打頃刻間工人身上的衣服恰如蝴蝶一片一片飛開去面上的鞭痕靑一條紫一條凸一塊凹一塊可憐馭夫只是打工人只是死握馬轡淒裂的狂喊。何過毆人!!何過毆人貴的是人賤的是人難道不是人此時來往路人均已住足視線羣集于四頭馬車之上公爵夫人偏冷然不動看着馭夫打的快活時或橫眼下視。猶帶冷笑。市上雷動咸稱不平忽二三警察佩刀跌蹉怱怱至不問皂白先對貴婦人恭敬行禮叫一聲開罪就把工人一把揪開工人愈怒罵道我同儞都是法國人倆認認他是那裏人只要看着勢利就可以戕賊同胞獻媚異種壓警察也不待他說完。掀倒他在地上。三脚兩腿。用皮靴足蹴了一頓。看看工人動也動不得了。再對貴婦人陪了笑臉。遂將工人怒氣沖天不知扭向何處去矣。公爵夫人的馬車。復坦然輾出。馭夫更加趾高氣揚長驅前向。余此時實切齒扼腕。直向車中立起大呼。無法貴族！無法馭夫!!無法警察!!!舜華忽執余手曰。君何多事！君何多事!!强權世界講何法律社會中惟富貴乃有權力惟富貴乃享幸福君且安坐。余聞是言恍若冷水澆背。雖然行不數武。余之馬車。忽若與巨石相撞。馭夫急呼危險!!危險!!!又聞下等社會辱罵之聲。余急探首外視。知余之馬車。與荷物車相衝突。荷物車夫指余冷嘲熱罵。余大怒欲奪馭夫之長鞭而毆之。舜華急拖余腕呼曰。君責人野蠻者也。君何自爲。余聞言手若蘇。馬車已前行。遙望沿街莊嚴華厦。盡沉睡于夕陽影裏。雪白雷光。亦炯炯直起。余望車外。青年紅粉。來往如雲。然終不敵余與舜華之愛情。余驕傲之談。直熾于頂上。余思余早享富貴之幸福。余自負有才有名譽。又有絕世之美人。余仰天天美麗。余俯地地繁華。世界僅有快樂世界。焉有苦惱。不思不知余云。何。余時置手于舜華之肩。驀地馬車已達奧敦戲園之門。

甘爲游俠流離子
嫠婦無顏長者憂
何不掃除公義盡
讓他富貴到心頭

小說

自由魂

美國威爾晤著
飽　麀譯

一鐙熒然夜不成寐爐火未熄披袷踞案閱古來民族之歷史考其進化之階級其間殆經幾許之兵爭戰危互相殘殺互相吸引乃迫而上文明競爭之舞臺約言之終不外愛自由之三字以激成漫天捲地踔厲無前之急劑洎夫萬丈濤頭驟焉平沒則又晴波漾溢澄碧如鏡威爾晤悄然長思追憶自由生產之母國其始日受外族之殘酷奄然待斃無復有生氣烈焉有一 一烈士仁人青年少女於含垢忍辱之中隱謀勝算奔走號召喚起衆生之迷夢復更歷幾許之艱辛困苦及能脫奴隸界而搆造自由樂土若今之共和自由國者乃巍然矗立放大異彩光耀太平洋大西洋之東西岸後人之歌舞而稱頌者咸曰自由主義獨立主義其文人學士於讀史懷古之餘則又舉巨擘歸功於世界第　民主華盛頓其人威爾晤復悄然以思謂華盛頓一人而可以概其全功則吾儕當一千七百五十餘年之間聚千萬之折股斷脛流無量之肝腦熱血奔走無數之壯夫烈士者又將執何名詞而代表之乎蓋

華盛頓者自由之體魄也度其始必有陶鑄其靈魂而鼓盪之者發端甚微而其延蔓之所及者用能植民族獨立之基礎威爾晤乃長嘯以起奮袂而呼曰世有崇拜自由者乎其勿人人有華盛頓之思想而人人不可無共同組織一華盛頓之思想。讀者其疑于吾言乎吾將舉吾共和獨立國自由發見之一段歷史爲今之活潑少年愛國男子告。

黑雲如磐迷漫空際沈霾黯黮演出幾許愁慘肅殺之景色此非千七百年間之吾人所疾心痛首呻吟伏處于英人專制手段之時乎而忽焉滄海日出朝光熊熊無量衆生從軼軏羈束之餘一度光明眩耀大千世界嘻此何地也即今吾美人所稱爲自由生產地而曩者受英人暴虐最深之包爾斯州是也初英人以蠻野之手段。利此新闢之土地。日縻爛是處之人民而威壓之。舉凡一切條敎律令不得以施之於本國者。率逞之於此而無少顧忌州之北臨大河曰藍色自河而南爲康脫鎭英人以重兵扼此河以北屬于包爾斯州田野荒蕪一望無際。農民三五聚族而居其右則長街一。人煙畧多。蓋州之市會所也。英軍又使其邏者日巡游于此街之兩端。

蓋恐人民梗化而爲駐防計又嚴定等位州人不得儕於英之齊民其尤酷者自布帛粟菽飲食男女率有所限制而無或敢越州人苦之積久欲逞終慮團體散漫又乏大力者從而主持之以是隱而未發州之東鄉有獵者曰甫里佛勇而健負血氣素行不羈以行獵故屢爲英軍所侮甫銜之嘗語於衆曰諸君日處此黑暗地獄而猶安然於人類耶吾聞人之資格有三曰言語自由曰動作自由曰財產自由缺此三者殆一朽腐不完全之動物耳今英人之所以虐我者深矣舉吾人所謂生人之樂者攫取殆盡吾儕又呆若豕鹿鞭箠一任諸人烏所往而不滅種絕族也雖然任諸君之降志辱身我必有以報之務使彼之所以待吾儕者亦舉而加諸乎彼其時道旁聽者或作色興起拍手讚歎懦而無恥者則掩耳疾走去甫里佛益怒盡褫英人種種殘酷狀戟指西向聲益厲忽背後有人力捽其項揚右手所持棒作猛擊勢曰甫里佛汝又發狂生事耶縶汝去謁英帥以正汝誣惑之罪甫里佛驚且怒疑心英軍之邏者急奮左手返扼其喉復超右臂還奪其棒將痛擊之其人力不支倒地時則夜色蒼靄新月初出甫里佛凝視之其人非英軍蓋幼時同學友甫所最相契

之菲司噶也。大駭。急釋左手。扶之起曰。噫。君胡怒我至是。豈君亦思假外人之威而自戕同類耶。言畢。復舉手指半灣明月曰。賴有此耳。否則吾將以君代表英人而斃於吾手矣。菲司噶汝今憊否。曰誠憊甚。吾願我之好友甫里佛扶我至淺草平蕪處。將以腑肝訴君。乃相偕行不數武。拂地為褥。菲司噶乃徐語曰。吾適從律寨魯來。言至此甫遽躍起曰。止!!止!!君慎勿言彼吾向者聆其言論頗亦心折其為人曩昔之夜。吾赴彼家道英人虐我太甚。君多才將何以處之。抑任我儕之自生自滅也。彼注視吾久歎曰。君大包爾斯州而僅有甫里佛一人乎。言迄意暇甚。吾再叩之。彼曰。君不聞蘇格臘底有言乎。慮事之法。緩如鐘擺。而急如銃丸。言畢。舉擺倫之詩示吾。曰聲調佳否。吾捽之於地。拂衣逕出。嗟乎。菲司噶吾是以知律之為人矣。噶曰。君毋然。茲吾晤律寨魯。彼亦甚感君之氣節。重述君言。相與歎息。雖然。彼才略智識實有遠過人處。非伏處櫪下者。良以慮事不密。將為人所持。今者英人耳目遍布於此。吾事未有所成。而日聒之使彼有所準備。此不足以謀大事者也。吾人處於今日其最重要者。將激勵吾民之精神。使知合羣之義。而喚起其自奮自衛之心。然後得徐謀抵拒之方策吾聽其說行將以語君適經此見君攘臂疾呼狀吾自旁窺之聞者皆大感動吾深喜之然又慮爲邏者所聞則彼將先發以制我亦將大不利于君故吾作虛聲以止君非有他意噫甫里佛吾終願君善保此身以爲他日用也甫默思良久曰君言誠當然士各有志各行其是但求大宗旨不背毋相强也我天性躁急處不自由之地枯窘欲死一遇不如意事又髮指眥裂欲强如君言不能也嗟乎菲司噶吾終不願他人之奴我甚言已逕行菲自其後睨之曰好男子好男子此奴界之曉鐘也言迄亦取徑返于家時則月色皎潔霜華滿地仰視星斗約畧可辨遙望隔河營壘燈火三兩軍歌嘹喨驕馬怒嘶菲司噶嗟歎不已竊念一河之隔而苦樂之相去若此噫人壽幾何傷心孔多安得籲彼上蒼使包爾斯之人而胥若甫里佛也既抵家遙望小樓燈光閃然度必有客久候急掣電鐘一小僮出應門問以樓中何人胡燈光瑩然也曰頃者約瑟蘿姑娘來訪適于樓上作字而去急登樓則案上一紙書墨痕濡然其書曰

明日將有旅行不獲一晤君予心終不安其以翌晨九時過我爲一握手送

小說

別之禮。

菲司噶君

約瑟蘿

讀者苟欲知約瑟蘿之爲人則一翩翩弱女子容貌艷絶一世者也彼爲牧師之女。父綦愛之少長以琴曲擅一時女又秀中慧外善機變不以才色露與菲司噶葎塞魯友善有所議論以葎塞魯之天才雄辯家時或下之。讀者試一掩卷思之當亦如見其爲人矣菲司噶既得書終夜輾轉不復成寐思約瑟之爲人有內心能圖大事殆所謂艷如桃李而婉若游龍者今驟有遠行度必非無故不可不一探之晨光微曦。急攬衣起僮子以市會議事期單進西例凡有關於一市之公議必投單訂日期。菲以才望爲市會參議故及之菲取閱則上書晚七時集市會議地方事宜云云。邇時包斯州之人悉受轄制於英人無決事權議成上之英官而聽其裁判故曰議事。蓋其界限至狹也菲司噶正百感交觸間睹此益覺無聊少閱即置案上自語曰瑣事耳而强聒人不休何爲者時僮子正於窗下沸牛乳供晨餐聞菲言遽起曰菲司噶汝無爾英人虐我甚君日聯絡同人以爲異日抵抗計尚且不遑烏得以瑣事忽之吾願主人菲司噶堅持此心勿折銳氣流爲厭世派也菲司噶驟聞此覺有無限之感情坌湧胸中遽起執僮手曰吾錯吾大錯吾願我親愛之小友日夕以此提撕我則彼蒼必錫祐於汝也噫天而不欲永久沈淪包爾斯州之人類耶吾將爲青年之前途頌矣餐畢整衣起取道之約瑟蘿家既至則院落鳥聲籬邊花影一草一木位置井然庭有隙地細草平蕪綿碧無際蓋不問而知此中主人必風雅多才思者約瑟蘿少喪父母依其寡嬸以居初嬸之夫曰亞剌者爲英人執役司銀行會計之業能得英人歡以故薄有資產既歿英人有追念其執役之功者稍優待之視尋常人有加以故約瑟起居動作較勝他人菲司噶既入門沿草徑至客室瞥見一逕寸紙書粘於壁間上言約瑟蘿以今晨八時出游書此以呈枉訪者菲讀之其懊喪思約瑟昨約以九時今來時未差累黍何彼失約至此將返身忽隔籬人語曰菲司噶其勿返少頃則約瑟蘿啓書室門出衣淺絳色衣容光艷麗笑謂菲司噶曰君疑我已啓行耶曰然誠不解約瑟姑娘書寸紙於客室也曰吾惟以待君故不欲以秘密事稍露痕迹故書以當逐客令耳菲曰約瑟蘿將何往曰將渡藍色河之康脫鎮以

偵察英軍動靜菲曰卿隻身行乎曰然菲曰冒險誠佳雖然卿亦當善自爲謀曰然曩者吾偕叙孀僑居於彼頗譎彼都人吾詭言至禮桑大禮拜堂爲吾孀祈福也者彼必吾信且英人藐我甚謂女子受制于男子而男子復爲英人之奴是女人不啻奴隸中之奴隸彼誠不料娟娟者豸挾所求而來也夫英人日日偵探吾人之內情以歸告於其師故彼得任以操縱我吾人之憚而不敢抗彼者以昧於外情動多猶疑故對外力亦甚薄弱吾思有所補救於一二以爲吾前途一線之光明也菲司噶曰君意極可感吾將更一質約瑟以一弱女子隻身獨往則報知消息任傳遞之責者爲阿誰也曰誠然吾未思及此菲曰我欲以弱齡之童子伴君可乎曰幼稚兒恐敗吾事菲曰否吾悶自信與君有所裨益蓋即吾家之斯梯文也約瑟蘼喜曰其即彼乎吾昨往君家見彼執小旗部署隣兒作狙擊狀非尋常兒也君速歸可召之來姑爲姊弟行英人必不疑吾行色已布置定專候彼來言迄對鏡整衣謂菲曰吾衣飾若何曰絕華麗殆似倫敦西市之貴婦人雖然卿得勿嫌眩人眼乎曰否反身就鞄革中取敎婦衣一襲示菲曰吾若至康脫決不衣艷服今將由甫黎市而渡河吾

佯爲巴黎女人之游于彼者。蓋所以防人疑也。已而案頭鐘報時十二下。約瑟蘿曰。君未午餐耶。曷共食。菲曰。吾連日胸中作惡。若骨鯁在喉。方欲吐之。遑言食也。吾去矣。行將使斯梯文來偕君。臨別無以爲贈。唯祝君爲吾人謀多數之幸福。約瑟亦取冠中花爲贈。曰。吾無多囑。惟願君爲吾謀前途者。有如此花。可爲則爲之。勿待其色香枯瘁而始後悔也。菲司噶本多情者。睹此形狀。頓觸離別之感。忽遙聞隔河午砲聲轟然（軍營例鳴砲報時）心怦然躍起。道聲珍重。邁步遂出。行里許。忽左側山坡有人貿然來。手携獵銃。左面血涔涔然。似負傷者。且行且詈曰。吾誓必殺盡三島奴。菲視之。則甫里佛也。思欲前迎之。又恐倉卒間當彼盛怒之下。或又遭昨晚之惡劇。不如稍避其鋒。乃抄後徑。遙呼之。甫里佛急返身見菲。招手曰。菲司噶來。吾語汝菲左右顧曰。此非談話所。乃相偕之樹蔭下。佯問曰。甫里佛。汝又與阿誰嘔氣耶。甫曰。菲司噶。吾豈爲禽獸行。與同類自訌者耶。晨者家無羞味。以供吾母。擬獵獲一二以供午餐。方出門。一發銃而獲三鷓鴣。吾方深自喜。忽英奴三人聞聲來。攔路索吾所獵物。且曰。賤奴。此非汝獵所也。吾怒叱之。彼遽前掠我物。吾奮一摑。掌則倒其一。

其二出短刃刺我。幸吾善閃避。不爲彼刺死。思以獵銃擊殺之。然彼無銃。我以彼所無者勝彼。不武。又重憶君昨宵一夕話。故稍讓之。然其一人既受我重創矣。言畢。汗涔然如釜上氣。扯衷衣拭臉上血。猶流未止也。菲司噶起握甫手曰。君慮事有百尺之進步矣。設其人爲君銃殺。則事殆不可收拾。雖然。度英軍返告其師。恐有嚴令以制我儕。甫遽躍曰。吾願以一身當之。菲曰。吾不欲君一人獨爲英雄也。吾儕今處此酷威之下。有朝不保夕之勢。吾將謀大擧以雪此辱。甫又躍起擧雙手曰。贊成。菲司噶睹此狀。不禁失笑。挽之坐曰。此若何事。豈君一人之所能爲力耶。此必須號召團體。鼓倡公憤。而力量乃充足。吾將偕君謀之。律塞魯彼深謀而多智。必能擅操縱之妙。君愼勿輕之。言已以手指左傍路曰。君先行。吾從小徑至家。勾當一二事。當疾尾君來。又君所携銃及獵具。幸交我藏之家。否又恐惹人疑也。甫諾之。乃分道行。甫于途中拾敗葉拭臉上血。及拂去衣袖泥穢。自思今日痛毆英奴。實生平一大快事。他日若能符菲之所言。大起獨立軍。則我將執快鎗。馳怒馬。衝鋒盪決。殺盡英奴。而後爲快。沿途涉想。覺有無限之幸福。交索于胸。喜極作歌。其歌曰。

青年兮青年　前途無限之美景兮橫亘于吾之目前　吾將隻手掃盪氛霧以照耀我自由之光輝兮　吾何爲含垢忍辱而流連

歌畢。仰天長嘯。其聲雄而肆。將至葎塞魯家。遙見菲司噶自後邁步來。乃佇以待之。菲司噶曰。君何樂之甚。甫曰。吾前途負莫大之希望。故不暇憂而喜也。菲司噶曰。自由殆如物品。吾誠投價值以求之。必能符我所欲者。世之人當憂而不憂。則其喜者可知矣。當樂而忘樂。則其憂者可知矣。菲點首太息。既抵葎塞魯家。相偕入室。則葎高踞書案。手勃蘭提酒。狀若有所思。見二人至。傲不爲禮。揮手命之坐。菲曰。葎塞魯汝暇甚。曰。誠暇。言已。舉杯將飲。甫觀之。怒不可遏。遽起曰。此汝飲酒逍遙時耶。奪其杯。酒瀉地。作殷紅色。烈燄上騰。葎塞魯徐捺甫坐。歎曰。吾非涼血物。無同類感情者。吾正計畫欲使吾儕抱公憤。有如此酒。則事濟矣。夫人心猶水然。大刺激則大動。小刺激則小動。吾默計是州之人。蠢然伏處。已歷年所。日奉行外種外族之野蠻法律。而戴之猶若帝天。蓋其心已死。絕是非。大刺激之。則不能萬衆一致。亦非有觸動其平日之感情。斷不能併而一發。吾日來微行於村鄉田舍間。察其人之程度。而進以適

「當之演講頗有爲吾所動以今視昔殆若初春草木微有生氣然吾又焦思深慮若不得一大聲疾呼之法今者約瑟蘿又有康脫之行。吾度彼去必能有裨吾儕然孑然一身。誰歟爲助。吾以是重有慮也。菲司噶乃告以今晨事。葎聞之有喜色語次菲司噶又以甫里佛事告。葎塞魯拍案長歎曰英奴無狀至此。眞不可一日居矣。然彼受甫里佛之創。歸告其師。度必有嚴令。然吾甚願彼下一至殘酷無人理之法制吾輩乘此而鼓導之則自由靈魂發生之日不遠矣。菲司噶曰今晚將有市會吾三人盍偕往。幷以甫利佛所遇事報告市民。君從旁推闡其利害而激動之。或能吸引其自衛心乎。葎曰善。乃相偕行。將至市會所。遙聞人聲雜遝。不似平昔之甯靜。瞥見馬蹄揚塵。英軍五騎衣紅色衣揚鞭按轡。自西而去。葎塞魯心知有異。陰戒甫里佛勿遽決裂。相機而行。既至市會所。則市民三五剌剌相語。又者怨歎憤怒之色顯於眉睫間。市長以英師解散市會文示葎塞魯三人。左右顧而言曰。葎塞魯好自爲謀。葎點首會意。取其文讀之曰。

予以包爾斯之人民。頑梗不化。不應有市會之權利。其以今晚始。一例解散。靜俟三日。更頒令旨。爾人民其勿違。

葎塞魯讀竟。憤激不可遏。既又思此條告僅在停止市會。度三日後之令旨必更十倍悖謬於此者。不若俟諸三日。然後施大破壞手段。先於此時以危言激勵衆心。乃不致事起倉猝。而人心亦庶幾堅固。乃拾級登會所之中央。長太息而言曰。

予誠不解諸君讀英師之條告。胡爲不平之色現于眉睫。若此嗟乎。諸君亦知吾儕所處者爲何如之地位乎。蓋吾人實受統轄節制于英人之下者也。吾人既生而願爲英人之指揮統制。則彼削我自由權利。吾人當俯首聽命。不得有所腹誹。

葎塞魯語至此。衆有攘臂疾呼者曰。止止。曩吾等常聞葎塞魯與菲司噶言。人各有天賦之權利。今若此。吾輩不復能爲君解。速止汝所說。葎塞魯知衆志已堅。心喜無限。復太息言曰。

吾再有所貢納于諸君之前。倘願一聞之乎。諸君日處此不自由之地位。而欲保其天賦權利。其勿尤人之酷。我必投相等之價値以購得之。不然則長此受制于人而已今者英師僅布一停止市會之文耳吾人試冥想三日內之命令其更有過于此者當何如也諸君各有財產家室父子兄弟願歸而謀之其各出適當之價值以沽取未來之樂利對付日後之酷令某不敏雖有血如雨有肉如縻亦當含笑執鞭以追隨諸君後

葎塞魯語未止。忽菲司噶自後攬其袂。回視之。則英軍邏者三人。執鎗佩劍。貿然來詈曰。咄、汝等嘵嘵不休。豈欲抗吾師之命耶。速散去否則將以鎗擊汝。菲司噶恐驟生變。乃宣言曰。今日非諸君有爲時也。宜速散。予不暇多述。諸叔伯兄弟當能一諒吾言。衆皆曰諾。乃相率偕出。

（未完）

處州青田縣調查稿

◉官場之種種活劇

知府　曰趙亮熙爲趙舒翹之同族而頑錮較甚蒞栝(處郡別名)前後踰十載當戊戌變法廢八股命下趙拍案罵曰『賊臣誤國妄更祖制孔教既滅中國必亡』彼盖向認八股爲孔教故云凡府試及書院試題類多譏諷之語如『天之將喪斯文也』『非天子不制度』『致遠恐泥』『吾聞用夏變夷者未聞變於夷者也』『述而不作信而好古』之類曾命『通商惠工』題即戒士勿入時事偶涉一二語即屛斥勿閱以爲汚眼新政既翻西后垂簾大喜曰『中國庶有豸乎此固太后之神聖端榮之老謀亦祖宗在天呵護之靈也』及庚子變法命下則向之所以

罵維新志士者轉而罵軍機罵太后以爲『地可割款可償而法必不可變抑何因噎廢食變其宗旨而蹈戊戌之覆轍乃爾』故詔開學堂置若不聞及詔再下。不得已將舊有蓮池書院易名崇正學堂（所謂崇正學堂者不過見諸章奏其實無此事也）取杭垣各書院前列卷命諸生傳抄以抄數多寡驗勤惰即以定名次高下一切膏火獎賞皆仍舊數而聲言提款創辦學堂騷擾徧十縣更掠富戶以益之前學使徐公致祥視學栝郡捐數千金幷助書數百種而趙則沒金束書令爲胥吏盜賣且盡士人欲訴于徐適死乃止。

栝之人有欲入學堂者必止之謂『烏川鬼服鬼冠鬼言鬼行爲』（彼認學堂爲洋人所創設故云）或雋鄉闈則迎于十里外又召十邑縣令宴之故栝人非具有雖無文王猶興之定力必不能遊學云至其狂妄之舉尤不忍言請舉一二于下。

人有以其犬被殺訟者趙勒令殺者厚爲治喪且令建醮口佛事以度之

某紳士爲趙所善紳死趙奔訴城隍令還其鬼不應遂毀其木主以去

其他創淫祠禮非類更不必言。其聽訟時。先將兩造箠楚乃始下判其所判或出臆斷。或相其容貌。不審詞訟之是非。不憑紳士之證佐。堂諭既下。有忤之者。即痛加鞭撻。律凡諸生未經褫革者。例不得杖臀趙則敢於背律或自踢以足其毒刑有『天燈架』『翻魚白』諸名。因之致死者無算。松陽廩貢生葉某縉雲監生某青田童生某皆為趙刑死者葉家屬曾控之于省。吏趙賄緣得免。凡此皆確實可據。無一言一字之虛妄者也。

知縣（以下皆屬青田） 彭循堯係趙守調署。勤于催科。在職未滿一年。獄為之滿。惟性尚溫和。不久當卸任去。

教諭 傳佐清行同市儈。人稱為傳老師。蓋傳與傳相似。傳與拳同音。土音稱司匠曰老司。呼為傳老司。猶稱為拳老司也。

訓導 沈祖榮拔貢。新莅事。現擬為縣學堂教習。專教策論。

典吏 成士昌庸碌無能。

哨官 李茂青辛丑歲由溫州調駐青田。尚好兵。數一百內外。多係湘人。所習皆老操法。

▲靑田學堂書院義塾之大槪

學堂　二月方始工落成須在秋間。擬收附生十名童生二十名每月唯試策論無他學科除奬賞外月給膏火洋一圓

書院　凡六處。詳列于下。

正誼書院在邑城。今圮。有田租三頃五十八畝零。今擬撥充縣學堂費。

鵠皐書院在城東南里許。有田租數頃。今擬撥充縣學堂費。

鵬嶺書院在六上都鵬嶺。歲有田租八十二石。

振文書院在十七都葉村。有租八十石。

鶴山書院在十四都海西庄。有田租三十八石。

石門書院田租無。明劉基讀書處。

義塾　凡五處。詳列于下。

鹽局義塾在城內。歲捐三十緡。

貨局義塾在城內。歲捐三十緡。
芝溪義塾在十三都。有租三十石。
步雲義塾在十六都。有田租五十餘石。
南田義塾在南田。有租數十石。

▲青用之煙館

約六七十家。賣膏者四五家。餘皆賣漿。每日出貨值四五金者約二十餘家。餘則值四五百錢而已

▲青田之妓寮

妓寮向未經見。間有土娼亦少。

▲青田之游學人數

江南陸師學堂已畢業者十八人。未畢業者六人
安徽武備學堂已畢業者五人。未畢業者一人。未入堂者一人
湖北武備學堂已畢業者一人

杭州大學堂未畢業者三人
蠶學館未畢業者一人未入堂者三人

▲青田之風俗

俗尚簡樸。質而不文。衣用大布。飲食不貴異物。凡賓主相見。無寒暄語。拜謁之禮罕焉。

子弟七歲就小學。貧士半耕半讀。

人情重去其鄉。賤逐末。食祿素封之家。不買女奴。即有養女。必善遣嫁。

人尚氣節。性剛勁。喜鬬。近則鬬風益甚。

婦女尚貞節。罕出游冶。不喜裝飾。貧家除新嫁七日外。未嘗傅粉。豪家之婦。傅粉亦不過數年。

俗敬事鬼神。有受讞大廷。飾詞不供者。令誓於神。則大懼。俗人遠出。必請香火而後行。近亦漸革舊俗。

▲青田之田產交易法

凡田產交易之例三。列說如下。

一田骨　賣時即交田者。

一正租　賣時不交田。每年納買主租穀若干。至欠租時。乃交田焉。

一佃皮　則已賣正租之後。而再賣佃租者也。

右三者皆賣而不斷者也嗣後可備原價取贖（雖至子孫數十世亦可贖取）賣後有找（謂原價尚輕找足其價之意）找後有斷（斷後則不能取贖）斷後有借以佃皮故。往往一田有兩賣至三賣者爭訟滋多實由于此。

▲青田之土產

植物產表一

穀類	蔬類	果類	木類	花類	藥材類
稻	菘（俗名白萊）	李	松（土人呼爲薪）	菊	黃精
麥	芥	梅	柏	蓮	金銀花
胡麻	莧	杏	杉	山茶	枳椇子

蜀黍　玉蜀黍（俗名包羅）　黃粟　白豆　綠豆　蠶豆　豌豆　花麥

番薯（即山芋以爲糧）　葱　韭　薤　蒜　萵苣　苦蕒　薑　芋　茄　蘿蔔　着薘　冬瓜

桃　枇杷　蘋果（一名林檎）　楊梅　梨　柹　栗（柹栗二物水南庄人皆倚之以爲生活）

桑　榲　桐　楓　貓竹　石竹　苦竹　慈竹　金竹

茉莉　木樨　雞冠

黃連　薄荷　蘇　艾　夏枯草　雪裏開　牛蒡子　牛膝　淡竹葉　車前　穀精草　天花粉　葛

南瓜俗名金瓜
胡瓜一名黃瓜
絲瓜一名天羅瓜
八稜瓜
苦瓜
蒲瓜

土茯苓
木通
龍膽
澤蘭
菖蒲
石斛
地錦
常山
百合

動物產表二附製造貨類礦質類

◎畜類◎
牛
羊

◎獸類◎
野猪
貓

◎魚類◎
鯉
鯽

◎鳥類◎
鷺
鷗

◎製造貨類◎
柏油
茱油

◎礦質類◎
尚未知名青邑
產鑛甚多有名

調查會稿

豕（家家皆畜之）
貓
鵞
鴨
雞

狸
狐
豺
狼
兎
水獺
山羊
猴

鱮
田魚
鱓
鰌
鮎
蟹
鼈
龜
黿

青翠
雉
雀
燕
斑鳩
布穀
鶯
烏鴉
鵲
子規
鷹
鴟
畫眉

茶油
桐油
鐵竹紙
圖書石（此物通商以後每年輸出歐美之值以數萬計）
龍鬚席（土人皆用）
靛青

銀坑地方者其鑛苗露出地面稍一淘汰即如銀沙

▲青田歷史上之人物

宋元　潘翼　陳葵　王夢松　余學古　鄭汝諧　上五人皆以理學著

明　劉基　林融　劉璟　上三人皆以政才著

蔣存誠　余經國　朱錡　鄭克己　上四人皆以文學著

清　包瑜　王一中　韓錫胙　端木國瑚　上四人皆以政才著

今人　章楷

附今人章楷略傳

楷少習新學。自哲藝天算與地諸學以下。無不通曉。當江鄂開設學堂時。令門下士往就學。無財則資之。以行邑有土豪曰陳麟書字玉峰。沒入書院積穀。及地方公欵。其辦學堂。以章正直故。趣之不使聞。章善文章。字式典。今年六十有一。

調查會稿

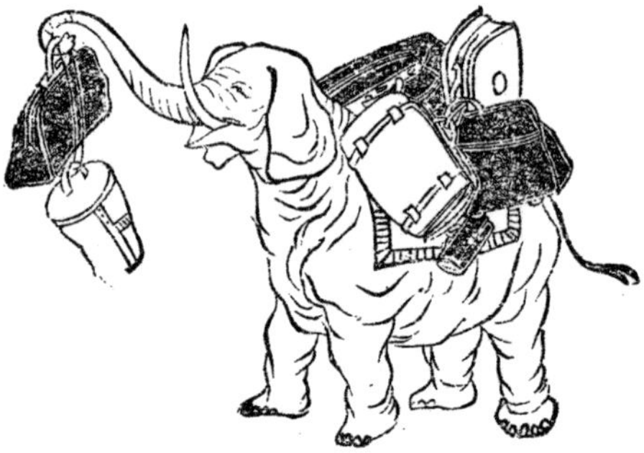

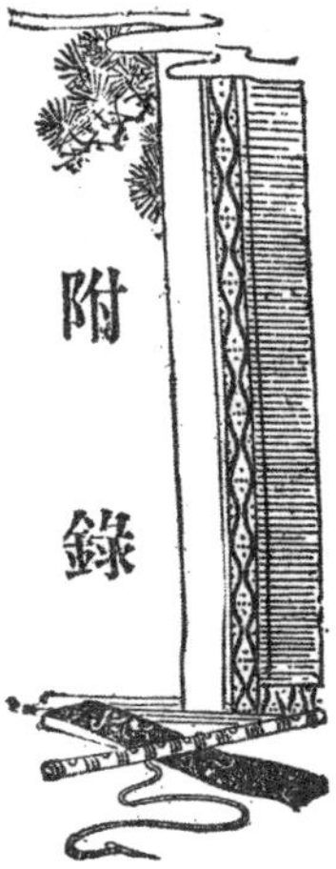

新名詞釋義（續第二期）

酙癸

帝國主義 Imperialism

世界入二十世紀劈頭一大問題新聞雜誌筆鋒相抵演其義逞其說兒童走卒抉爲談助而奔走相告以爲寒暄語斯爲何曰帝國主義是也帝國主義者二十世紀民族競爭之大主義也帝國主義者二十世紀歷史之總骨幹也故生于二十世紀而不知帝國主義者雖其人存即謂其死可也

人莫不謂俄羅斯暴雖然彼之暴正所以行其帝國主義之手段也若近日彼之以滿州條約相强者我國人莫不髮指斥其無理然自俄人視之則固正正堂堂之政策弱肉强食公理應然無可容避者也試觀德之于山東英之于長江法之于兩廣

附錄

雲南日之于福建其所施之手段各不同然細剖其主義則與俄之于滿州果何所異乃人不責彼數國而徒以俄爲咎者是誠昧于微而驚于顯然抉其總因則得一言以蔽之曰不知二十世紀之帝國主義

帝國主義果何物哉就學者政治家所述則人異說家殊論然舉其要則有三解

第一解帝國主義者併吞主義也即强併弱大兼小之謂也中古羅馬帝國所行之主義足代表之

第二解帝國主義者國家主義也即强大國家之權力擴張國民之威勢升高國民之品位是也

第三解則謂帝國主義有二種

甲侵畧的帝國主義

乙倫理的帝國主義

侵畧的帝國主義者以侵畧他國版圖增益己國領土爲務其主義蓋欲以强大之兵力征服萬國統一宇內舉天下而爲單一之國家 Simple State 者也

倫理的帝國主義者名正言順以爲道德上應如是義理上應如是事勢上應如是若野蠻之土未開之域及政府蠻陋不能盡其發達之責任者則得占領之隣接弱國不能永久保持其獨立將爲他强國所併吞而危險將及己國者得施種種之手段方法以併有其國土統治其人民是實合于眞理順乎人情而世人亦舉不以爲非者也

斯三解者莫不言之成理持之有説然三解外更有一最適當最正確之解則民族帝國主義是也

民族帝國主義者何團結同一民族組織同一國家之謂也更進言之則吸收本族同化異族使成一大國家是也今世界列强莫不持此主義循此軌轍者蓋有二因

甲自人口之日增也感土地之狹隘殖民地之必要于是以獎勵移民建設殖民地爲急務

乙自國產物富源有限以經濟上之理由不得不爭拓世界富源未開地而事開拓故凡富源所在莫不爭先蠶食

以是二因列强莫不盛唱帝國主義而着着實行之若英國之合併濠洲征服南阿俄國之經營西比利亞及中央亞細亞德國之占領膠州灣美國之併呑布哇占領非律賓莫不發動于帝國主義者也

凡一國之方針須對一國之趨勢而設世界之方針須對世界之趨勢而定帝國主義者實近今對于世界趨勢而不得不然者也德國歷史大家蘭克與得開嘗曰

世界文明各國日苦人口之繁殖又感領土之狹隘故凡富源所在雖在僻陬亦事開拓蓋開拓者世界人類一般之公利也若以自然之富源肥腴之土地委之野陋未開無能者之手而文明人不代爲之謀是實大背人道徒妨碍文明之進步而已蓋有能力之人類實持開拓之權利當開拓之責任彼劣等人種者若不服從優等人種則非消滅之不可蓋彼等實具消滅之運命不過漸時現世爲文明人之器械而已須知文明人對野蠻人實具訓導殺罰之權而此爲其特受之天職也

蘭克與得開所言固不論其是非若何然徵之最近數十年來之歷史則所稱爲文

明國若歐美列强者。Great Powers 其政治家外交家固莫不奉此爲圭臬而實行之者也。

孟魯主義 Monroe-doctrine

一千八百二十三年。合衆國第五任大統領孟魯宣布一教書 Message 于合衆國議會。Congrus 是即今所稱之孟魯主義也。抉其所宣言之主義則有二。

(一)千八百二十三年以前歐洲列國在新世界所占之殖民地及領土合衆國對之從不干涉今後亦仍守局外決不干涉

(二)自後合衆國及南北亞美利加大陸中已公認爲自由獨立之國決不許歐人干涉并將來南北亞美利加大陸歐人不得復設殖民地若背此二者合衆國必以敵意視之

爾後合衆國固守此義以對歐洲列强。因名曰孟魯主義云。

數年來。美人大逞其飛揚之手段。一舉而併布哇。再舉而敗西班牙。占古巴。取非律賓。人皆以美國漸取膨脹主義而拋棄其從來之孟魯主義也。是實不然。蓋美國之所以取膨脹主義者正所以固守其孟魯主義也孟魯主義不云乎。自後南北亞美利加決不許歐洲列國干涉然欲防之于永遠而實踐其言則勢非握太平洋大西洋面之海權不可故併布哇領古巴占非律賓是皆爲孟魯主義自然之結果故以孟魯主義爲帝國主義之別名也亦無不宜。

孟魯主義所排拒之殖民。僅指政治殖民政治殖民者自表面上觀之則仍自由殖民實則已將其居留地已合併于本國者之謂也而今則并及自由殖民自由殖民者以經濟上之關係而移住之殖民也故人謂美國欲敷衍此主義以雄飛世界洵不誣也。

震旦學院章程

宗旨

一本院以廣延通儒培成譯才爲宗旨

功課

一拉丁爲任讀何國文（指英法德意）之階梯議定急就辦法限二年畢業（首年讀拉丁文次年讀任一國文以能）譯拉丁及任一國之種種文學書爲度

一先依法國哲學大家卡兒 Rene' Descartes 之敎授法以國語都講隨授隨譯譯成卽可爲他大學校課本

一本學院旣廣延通儒治泰西士大夫之學其肄業之書非名家著作 Classical authors 不授

一課程遵泰西國學功令分文學 Literature 質學（卽科學）Science 兩科

（甲）文學

- 正課
  - 一古文 Dead language 如希臘拉丁文字（本學院先以拉丁爲正課力能旁及者可兼習希臘文字）
  - 二今文 Living language 如英吉利德意志佛蘭西意大利文字
  - 三哲學 Philosophy
    - 倫理學 Logic
    - 倫理學 Ethic
    - 性理學 Metaphysic and Psychology.
- 附課
  - 歷史 History.
  - 輿地 Geography.
  - 政治 Politics
    - 社會 Sociology.
    - 財政 Economics.
    - 公法 Interational law.

- 正課
  - 物理學 Natural Philosophy.
  - 化學 Chemistry.
  - 象數學 Mathematics.
    - 算學 arithmetic.
    - 量法 Geometry.
    - 代數 algebra.
    - 八線 Trigonometry.

圖授 Deresiption Geometry.
重學 Mechanic.
天文學 astronomy.

(乙)質學

附課

- 動物學 Zoology.
- 植物學 Botany.
- 地質學 Geology.
- 農圃學 agriculture and Horticulture.
- 衛生學 Hygiene.
- 簿記學 Book keeping.
- 圖繪 Drawing.
- 樂歌 Singing.
- 體操 Gymnastic.

一挍日上午二小時下午二小時爲授課時刻三小時授正課一小時授附課 通計二年除星期外共六百日共二千四百小時首一千二百小時爲授拉丁文時刻次一千二百小時爲授任一國文時刻除授課時刻外每日四小時爲 獨修時刻 二年共四千八百小時爲 肄業時刻 功課預算列表如下

功課預算表一 (拉丁) 第一年

學序	一日 小時					一週 小時		一年 小時	
	上半日		下半日						
	師授	自修	師授		自修	師授	自修	師授	自修
	正課		正課	附課					

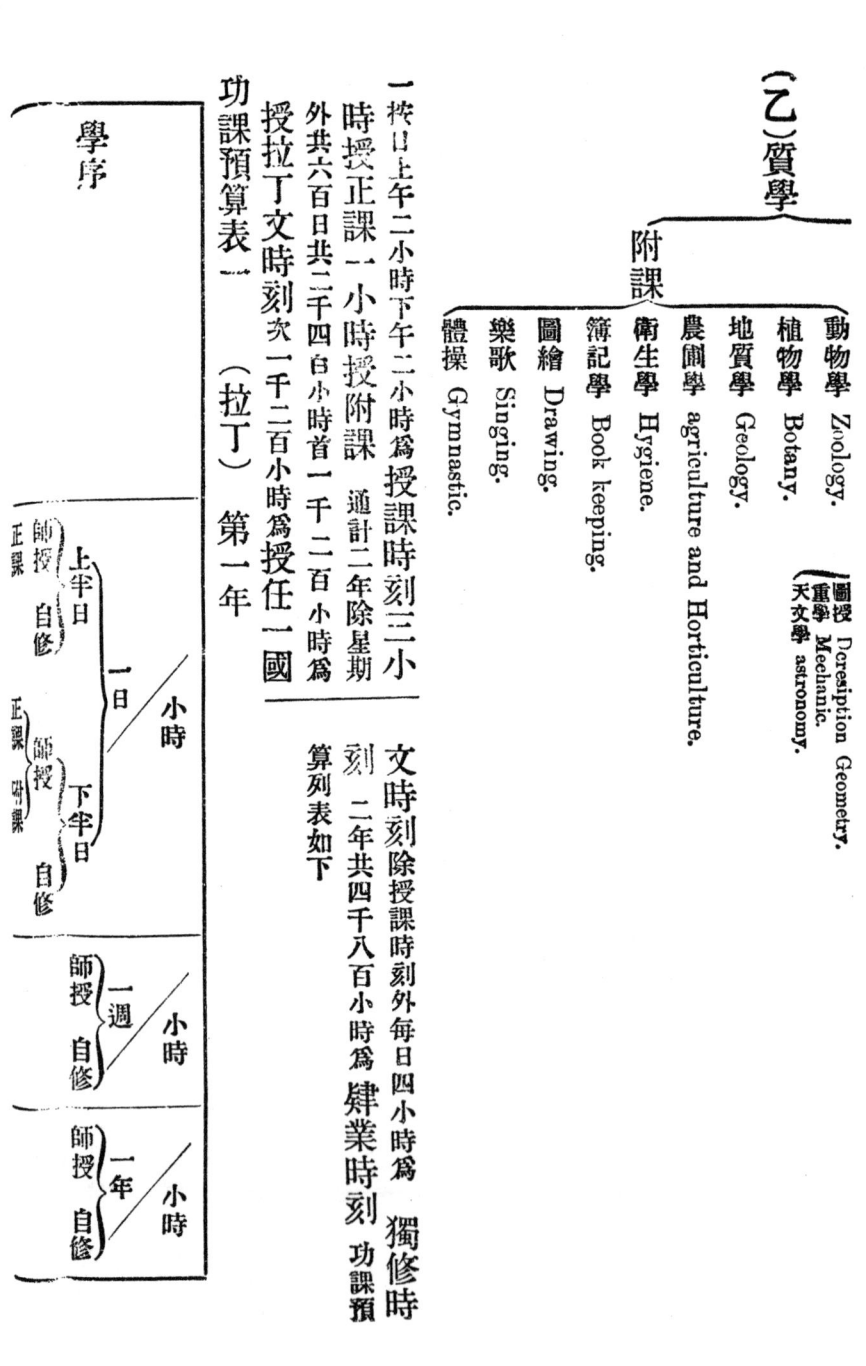

功課預算表二（英法德意任擇一國）第二年

識字 word getting 造句 Sentence Making ｝首六月	二	二	一	一	二	二四 二四	六〇〇 六〇〇
行文 Grammar 修辭 Rhetoric ｝次四月	二	二	一	一	二	二四 二四	四〇〇 四〇〇
論理學 Logic ｝又次二月	二	二	一	一	二	二四 二四	二〇〇 二〇〇
體操						二	八〇
詩歌音樂						二	八〇
演說｛問難 析疑						二	八〇
閱書			二			一二	六〇〇
閒散			二			一二	六〇〇
安息			八			五六	二八〇〇

學序	一日小時 上半日 師授 正課	一日小時 上半日 自修	一日小時 下半日 師授 正課	一日小時 下半日 師授 附課	一日小時 下半日 自修	一週小時 師授	一週小時 自修	一年小時 師授	一年小時 自修
識字造句 首四月	二	二	一	一	二	二四	二四	四〇〇	四〇〇
行文修辭學 次四月	二	二	一	一	二	二四	二四	四〇〇	四〇〇
學譯哲學書 二月	二	二	一	一	二	二四	二四	二〇〇	二〇〇
學譯政治書 二月	二	二	一	一	二	二四	二四	二〇〇	二〇〇

餘課如前表

一本學院所授功課限二年卒業者單就文學論也
至於質學非二年內所能畢事 有志精進者
得於二年外延長肄業時刻本學院可 特別教授
卒業期限亦以二年

一本學院總教習爲馬相伯先生精希臘拉丁英法意文
字曾 奏派游歷歐美各國一切功課均由馬君鑒定
場所
一本學院設在上海徐家匯房宇敞爽 大適宜於衛

生 花園操場演說廳均極寬豁

辦法

一入院肄業者分爲普通特別 兩科

甲 普通科銀百兩爲一年捐一年者即可入院肄業有力者可任捐十年或百年以贊成莫大教育事業

乙 特別科無力而有學問不能歲捐銀一年者可以其著作介紹一通人代遞幷言明其精於何種學科入院試讀一月其 學行經本院幹事三人認可 即得 免送捐金 住院肄業卒業後在本院所辦譯社內充譯員二年 仍得稿值五成之權利

一捐銀分 兩期繳淸 正月繳銀五十兩六月徵銀五十兩都凡百兩統交本學院簿記所收領給收單爲爲憑

一試讀一月後雖有捐金而其 學問不及譯書程度或資性太鈍者隨時由敎習謝退 計月取房膳銀十兩餘金發還

一走讀者歲捐銀半年

一拉丁敎習一人英法俄德敎習各一人總幹事一人分幹事五人學生十人置執役一名

一除用欵外儲贏爲 開辦譯社學會及獎勵一切公共利益之用

一本學院暫以三十人爲額逾三十人添聘敎習分授

一本學院於光緒癸卯年（西歷一千九百零三年）正月開辦的確開學日期登報聲明

自治規則

一來學者皆學行兼優除遵照學章外於公德上各有自行防檢 之責任

一另定學規細章自總幹事起一致遵守各不得任意破壞

一每週第六日下午開演說會有 防礙於生理及學問者隨時陳說 以便擇善改良

一學業以專致爲要其他營業及作輟不上課由本學院敎習辭退或自行告退者捐金不發還

發起人瑞安項驤謹議

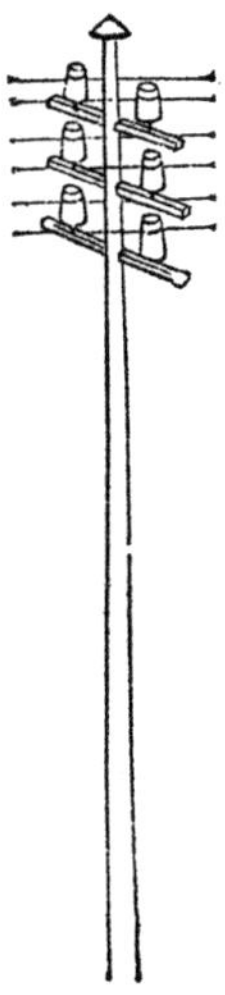

杭州旅行招待社簡章

杭州爲東南一大都會重以西湖山水甲天下故提劍負囊來旅行者趾相錯也然無清潔之旅館無相識之地主人地生疎者殊苦之斯社之設冀爲旅人謀便利於萬一更望各省各府各縣聞風踵起聯合一氣令隨地皆有賓至如歸之樂其於社會交通或不無補裨歟例如下

一本社對於各級社會不能概盡招待之義務限於左方所記之各類

甲 外國留學生

乙 官私學校之職員及學生

丙 學會職員及會員

丁 報館館主及職員

一本社開辦伊始暫設於杭州萬安橋西白話報館內俟經費稍裕再議另賃房屋

一本社不收房金膳資自理少數人住宿不上一週者其御膳仍由本社供給之

一本社備牀鋪不備被褥

一供給茶水油火餘歸自理

一本社有專誠招待員如閱視學堂遊覽名勝購置品物招待員皆能盡追陪引導之責

一車馬費及途中酒食費旅人自理招待員用費由本社開支

一社友與旅人個人之交際其費用與本社無涉

一旅人欲住西湖本社可爲代謀房屋惟膳宿料均由旅人自理

一本社承認招待之旅人外國留學生須有日本東京浙江同鄉會之紹介書學堂學會會館須有事務所蓋有印章之紹介書或有與本社社友相識之人之紹介書否則幸恕辭謝

一吸食鴉片者概行謝絕如私自吸食經本社察出立即驅逐

一本社經營方始簞路藍縷尚待擴充現以經費支絀致不能一切周備簡褻之處惟